Consuelo de Saint-Exupéry

Sonntagsbriefe

Consuelo de Saint-Exupéry

Sonntagsbriefe

Aus dem Französischen
von Barbara Röhl

Mit einem Vorwort
von Alain Vircondelet

List

Die Originalausgabe erschien im Jahr 2001 unter dem Titel
Lettres du dimanche *im Verlag Plon, Paris*

Wir danken für die freundliche Genehmigung des Abdrucks
der aus einer Privatsammlung stammenden Dokumente und
Fotografien durch den Verlag Plon, Paris.

Der List Verlag ist ein Unternehmen der
Econ Ullstein List Verlag GmbH & Co. KG

ISBN 3-471-78675-9

»Meine Blume ist vergänglich, sagte sich der Kleine Prinz, und sie hat nur vier Dornen, um sich gegen die Welt zu wehren! Und ich habe sie ganz allein zu Hause zurückgelassen ...

ANTOINE DE SAINT-EXUPÉRY
Der Kleine Prinz
(Sechster Planet)

EINFÜHRUNG

Eine letzte Posse des »Vögelchens von den Inseln«, eine junge und frische Stimme, die sich ohne Vorwarnung zwischen die ewig gleichen Huldigungen an den gefallenen Helden, an den Autor des *Kleinen Prinzen* mischte – das waren Consuelo de Saint-Exupérys Memoiren, *Die Rose des Kleinen Prinzen*[1]. Man entdeckte die Papiere am Boden eines Reisekoffers, der seit ihrer Rückkehr aus dem Exil nicht mehr geöffnet worden war, und sie vermittelten ein ganz neues Bild des Schriftstellers, den die Erfinder von Mythen und die offizielle Heiligsprechung ohne sein Zutun zum Denkmal erhoben hatten.

Und dabei hatte man anscheinend im Jahr 2000, in dem sich Saint-Exupérys Geburtstag zum hundertsten Mal jährte, nichts dem Zufall überlassen, um den Mann zu feiern, der ein Inbegriff für Respektlosigkeit, Jugend, Leidenschaft und Erfindungsgeist gewesen war ...

Aber die große Überraschung, das war *Die Rose des Kleinen Prinzen*, die Memoiren der kleinen Salvadorianerin, die er geheiratet und von der er sich niemals losgesagt hatte, die aber vergessen und ausradiert wurde, weil sie störte.

Das nie zuvor veröffentlichte Dokument wurde mit einer unglaublichen Woge der Sympathie aufgenommen. Dieses Buch – unbestrittener Bestseller des Jahres 2000, in über zwanzig Sprachen übersetzt und von den größten Filmproduzenten umworben – enthüllte mit einem Mal inmitten der üblichen, vorhersehbaren Worte und Ansprachen eine neue, echte und aufrichtige Stimme, die Stimme einer Frau, die voller Charme und Anschaulichkeit ihr schmerzliches und leidenschaftliches Leben an der Seite des Autors schildert. Die unbefangenen Leser Saint-Exupérys entdeckten, dass er eine Ehefrau gehabt hatte. Wie hätten sie auch davon wissen sollen? Denn sobald das Verschwinden des Schriftstellers offiziell bestätigt wurde, senkte sich bleiernes Schweigen herab, und man bemühte sich verbissen, die Frau, die man allzu lästig fand, aus seinem Leben zu entfernen.

Man vergaß Consuelo bei allen offiziellen Zeremonien. Als das Hochamt in Fourvières gefeiert wurde, ignorierte man sie und erwähnte sie in den Gebeten der Geistlichen nicht, obwohl die gesamte Familie genannt wurde – und das, obwohl Consuelo eine zutiefst fromme Katholikin und Saint-Exupérys legitime Witwe war –, man behauptete, ihre Memoiren seien das Werk des Autors und Journalisten Denis de Rougemont. Aber nichts fruchtete.

Denn die Leser hatten tiefe Zuneigung zu der Frau gefasst, die das verkannte Vorbild für die Rose des Kleinen Prinzen war und von der er sagte, sie sei so naiv und so schwach, »nur vier Dornen, um sich gegen die Welt zu wehren ...«. Seine Frau, für die Saint-Exupéry eine raue, heftige und doch unerschütterliche Leidenschaft hegte, erwies ihm ausgerechnet in dem Moment, in dem man ihn endgültig mumifizieren wollte, den hilfreichsten Dienst: Sie schenkte ihn dem Leben wieder, den jungen Lesern und der Literatur ...

Wer hatte tatsächlich in dem Schriftsteller die Verzweiflung gesehen, die auf dem Grat seiner Worte zutage trat, wer interpretierte sein Werk als einen einzigen großen Nachtflug, eine düstere Wanderung durch seine eigene Bedrückung, die ihn zu den nächtlichen Zweifeln eines Pascal und Rimbaud stellt? Musste man sich damit zufrieden geben, Saint-Exupéry gewisser Sympathien für das Vichy-Regime zu verdächtigen, vor dem Consuelo ihn allerdings ohne Unterlass warnte?

Saint-Exupéry ist anderswo. Wie alle großen Schriftsteller ist er nicht auszuloten, schwankend und niemals vollständig zu erschließen. Das Wissen, das wir über ihn besitzen, stößt auf Geheimnisse, denn sein Werk lässt bewusst vieles im Dunkeln und liefert nur einige Sterne oder schwarze Sonnen, die manchmal einen Sinn ergeben: die Briefe an seine Mutter, der verstorbene Vater, den er niemals kennen lernte (wird man je die tiefe Bedeutung seines bewundernswerten und schmerzlichen Geständnisses erfassen: »Als mein Vater starb, wurde er mir zum Berg«?), der Park von Saint-Maurice-de-Rémens, der früh verstorbene Bruder, den er auf seinem Bett fotografierte, der Zauber – im wörtlichsten Sinne – der Kindheit, das geheimnisvolle Abenteuer des Nachtflugs, und Consuelo, sein »Trost«, seine »süße Pflicht«.

Als Consuelo, die inzwischen sicher ist, dass Saint-Exupéry nicht wiederkommen wird, sich auf ihre Rückkehr nach Frankreich vorbereitet, trägt sie all ihre gemeinsamen Besitztümer zusammen, ein gewaltiges Durcheinander. Sie stopft alles in Überseekoffer, die den Atlantik überqueren und in ihrer Pariser Wohnung landen, ohne dass sie je richtig ausgepackt werden, Schätze eines Lebens, die sie immer noch aufwühlen. Doch auf die Bitte mehrerer Zeitschriften stimmt sie zu, einige Unterlagen aus dem Brunnen der Erinnerung hervorzuholen, Spuren eines Lebens. Zeichnungen, Briefe, Telegramme, vergilbte Papiere verbinden sie von neuem mit der Vergangenheit, deren Schmerz sie nie verwunden hat. »Niemals öffne ich ohne ein Zittern die Akten und Schatullen, in denen sich die Briefe meines Mannes, seine Zeichnungen und Telegramme türmen. Von diesen geheimnisvollen Botschaften voller lebendiger Zärtlichkeit steigt der tragische und wunderbare Duft meiner Vergangenheit auf«, vertraut sie der Zeitschrift *Icare* an. In Interviews oder bei ihren Vorträgen macht sie dem Publikum einige Briefe zugänglich, doch sie behält sich die Exklusivrechte auf etliche unveröffentlichte Texte vor und gesteht sogar, dass sie für ein zukünftiges Buch ihre Erinnerungen aufzeichnet: »Über unser Privatleben ist nichts veröffentlicht worden«, erklärt sie, »da ich mir das Recht vorbehalte, in Kürze einen Band zu veröffentlichen, der den Titel *Les Mille et Une Vies de Saint-Exupéry* [Die tausendundein Leben Saint-Exupérys] tragen wird.«

So entsteht *Die Rose des Kleinen Prinzen*, zwischen Schweigen und Geständnissen, zwischen ihrer Arbeit als Malerin und Bildhauerin und den Reisen, die sie unternimmt wie eine unermüdliche Nomadin. Sie führt alle hinters Licht, indem sie sich mit einem schillernden Hofstaat aus Künstlern und Antiquaren umgibt, sich an den modischen Treffpunkten und Palästen zeigt, auf Capri, auf Mallorca und die großen europäischen Hauptstädte besucht. Aber nur wenige kennen ihre Einsamkeit und ihr tief empfundenes Bedürfnis, sich zurückzuziehen, die Melancholie, in die der Tod ihres »Tonnio«[2] sie gestürzt hat.

Man schreibt ihr Galane zu, man hält sie für wunderlich, wo sie nur unkonventionell ist, für eine Hexe, wo sie Magierin ist, für überschäumend, wo sie erzählt, für exzentrisch, wo sie von der nostalgischen Sehnsucht nach einem heißen Land aus Wüsten und Vulkanen ergriffen ist. Vor allem ignoriert man, dass nichts die Lücke füllen, die Abwesenheit lindern kann, weder Reisen noch Höflinge …

Ihr bleibt die Malerei, ihre Bilder mit den glühenden Farben, den Farben, zu denen Picasso und Derain ihr rieten, und diese ungeheure Lebensenergie, die sie erfüllt und verhindert, dass sie den Boden unter den Füßen verliert.

Nach Consuelos Tod befinden sich die Überseekoffer und die Archive noch im Originalzustand, in dem sie sie zurückgelassen hat, das heißt, in der finsteren Nacht der Koffer; und dort sollen ihre Erinnerungen jahrzehntelang schlummern, bis schließlich José Martinez-Fructuoso, Consuelos Universalerbe, beschließt, sie ans Tageslicht zu holen. Kunterbunt durcheinander finden sich die Originalzeichnungen des *Kleinen Prinzen*, die verschiedenen Entwürfe zu dem Buch aus verschiedenen Phasen des Entstehens, Briefe des Autors an seine Freunde, seine Geliebten und seine Gattin, unveröffentlichte Texte, Gedichte, alltägliche Gegenstände und die gesamte an ihn gerichtete Korrespondenz, der ganze Trödel eines Lebens eben, der dieses erklärt und motiviert. Unschätzbar kostbare Dokumente für jemanden, der Saint-Exupéry in seiner menschlichen Dimension begreifen will.

Die Öffentlichkeit liebt solche plötzlichen Kehrtwendungen: Man erinnert sich an den Zorn der Familie Claudel angesichts der Wiederauferstehung von Camille, der Schwester, die man verleugnet und in der Nacht einer psychiatrischen Klinik vergessen hatte … Auf Consuelo trifft das Gleiche zu.

So hat *Die Rose des Kleinen Prinzen* eine andere Biografie Saint-Exupérys zum Vorschein gebracht, ein anderes Bild, eine neue Interpretation der Tatsachen, eine neue Lektüre. Aber das Buch war noch nicht das Ende von Consuelos Enthüllungen. Die Koffer haben, wenn man so will, weitererzählt und ans Licht geholt, was Proust aus den dunklen Gewölben des Unbewussten zu ziehen vermochte.

Dank der *Rose des Kleinen Prinzen* wissen wir heute, wie Consuelo und Saint-Exupéry sich voneinander verabschiedeten. »Ich erinnere mich an das, was Du mir vor Deiner Abreise nach Algier gesagt hast. Deine Stimme ist mir geblieben. Ich vernehme sie wie meinen eigenen Herzschlag, und ich werde sie für immer hören.

›Weine nicht. Das Unbekannte ist schön, wenn man auf Entdeckungsreise geht. Ich werde für mein Land in den Krieg ziehen. Sieh mir nicht in die Augen, weil ich auch vor Freude weine. Es macht mir Kummer, Dich weinen zu sehen. (...) Schreib mir jeden Tag zwei, drei Zeilen. Du wirst sehen, das ist wie ein Telefongespräch, und wir werden nicht getrennt sein, weil Du für alle Zeit meine Frau bist. Wir werden auf die Entfernung miteinander verbunden sein, dieselben Tage durchleben, aber nicht dieselben Dinge sehen.‹«

Consuelo hat seinen Rat befolgt. Jeden Tag wird sie von nun an Briefe verfassen, die bereitliegen für den Fall, dass sie einen Soldaten oder ein Mitglied des New Yorker Generalstabs trifft, die nach Europa reisen. Und mehr noch, sie wird ein weitaus poetischeres Ritual einführen, das ihr ähnlich sieht, einen jener kindlichen Einfälle, die Saint-Exupéry liebte und die ihn bezauberten: Jeden Sonntag schreibt sie ihm einen Brief, den sie für ihn aufbewahrt, für später, für seine Rückkehr. Wenn er dann wiederkäme, würde er sie alle lesen wie ein unendliches Tagebuch der Liebe. So hielte er den unauslöschlichen Beweis ihrer Treue in Händen, einen langen Gesang von Exil und Verzweiflung, das Symbol ihrer Union, die dann endlich die Konflikte überwunden haben würde, das Zeichen der Erfüllung.

Selbstverständlich, dass sie dieses neue Manuskript mit dem Titel *Lettres du dimanche* überschreibt, Sonntagsbriefe. Die falschen Freunde haben sie verlassen, die Daisys und Gabys, die sich dreist in ihre Ehe drängten, und sie selbst hat ihre Freundschaften auf das Wesentliche reduziert und bereits die Malerei als Zuflucht entdeckt. In ihrer einsamen Wohnung schreibt sie mit der Hand oder tippt auf Saint-Exupérys Schreibmaschine und benutzt dabei immer das berühmte dünne Kriegspapier, auf dem sie auch ihre Memoiren verfasst hat. Oder sie vertraut dem nagelneuen Diktaphon, das sie ihrem Mann gekauft hatte, ohne strenge Ordnung alles an, was ihr durch den Kopf geht: ihre Gesundheitsprobleme und ihre Erinnerungen an eine vergangene Zeit, Anekdoten aus ihrer Kindheit und ihre Sorgen um »Tonnio«, allgemeine und etwas philosophische Gedanken über den Krieg, die Welt, Gott und das Leben. Gewiss hat sie sich auf dem Kanapée in ihrem Salon ausgestreckt. In der Nähe steht eine Tasse mit heißem Tee, und sie schreibt an ihren »geliebten Mann«, »ihren Sohn«.

Man muss die *Lettres du dimanche* als einen bewegenden Versuch begreifen, die verlorene Zeit festzuhalten und zugleich das lange, nicht enden wollende Warten durchzustehen, zuerst voller Vertrauen auf seine Rückkehr und dann angsterfüllt angesichts des Undenkbaren. Woche auf Woche stellen diese Briefe eine unentrinnbare Annäherung an den Tod dar, eine langwierige Trauerarbeit, zu der Consuelo sich nicht entschließen mag und das Ritual der Sonntagsbriefe fortführt, noch lange nachdem Saint-Exupéry offiziell für tot erklärt worden ist. Ein

Überlebensritual, sagten wir oben, aber ebenso ein Ritual des Bewahrens, der Herausforderung an den Tod. Diese Briefe zu schreiben ist eine Art, den Mächten des Lebens zu trotzen, sich dem Vergessen und der Mystifizierung zu verweigern. Im Gegensatz zu den »Einbalsamierern« hat Consuelo niemals zur Sakralisierung des Mythos beigetragen, zur Legendenbildung. Sie weiß durch den Lebensmut, von dem sie beseelt ist (und auf Grund dessen die Familie ihres Mannes ihr so feindlich gegenüberstand), und durch ihre mittelamerikanische Vorstellungskraft, die den Tod zu »beseelen« und ihn zum Leben zurückzuverwandeln weiß, dass sie Saint-Exupéry am Leben erhalten muss, und ihre Briefe sind eine Art, sich der schwindelnden Leere entgegenzustellen, der Abstraktion des Heldentums, der Versteinerung zur Legende.

Daher zögert sie nicht, ihn in seiner menschlichen Blöße zu zeigen, in seinen Schwächen und seinem Verrat, in seiner Verleugnung und Untreue wie auch in seiner Größe und seinem Mut, der Kraft seines Geistes und seiner Zärtlichkeit. Einen Aspekt Saint-Exupérys beiseite zu lassen, der nicht in den Mythos oder die Heiligenlegende passt, das hieße, ihn ein zweites Mal sterben zu lassen. Mögen also jene, die sich über Consuelos Bekenntnisse empören, von neuem ihr Antlitz verhüllen! In ihren Briefen zeigt Consuelo ein anderes Gesicht des Autors und Piloten, vertieft das Bild, das sie zur gleichen Zeit in ihren Memoiren entwirft. Dabei kommt ein Saint-Exupéry zum Vorschein, der ganz und gar lebendig ist und aus seinem Grab tritt. Eine beinahe magische

Wiederauferstehung, die Consuelos Ruf als Zauberin und Scheherezade bestätigt. Sie ist es, die das wahre Gesicht Saint-Exupérys ans Licht bringt und zum Leben erweckt, befreit von dem moralischen Heiligenschein, den die Kräfte der Kollaboration ihm vergeblich aufzusetzen suchten. Dank Consuelos Rat hat Saint-Exupéry sich vor einer Versuchung gerettet, in deren Richtung einige seiner Freunde ihn zeitweise lenken wollten. Die kleine und angeblich so oberflächliche Salvadorianerin steht auf der Seite der Befreier Europas und findet die härtesten Worte für die Widerständler der letzten Stunde, die nach New York gekommen sind, nachdem sie mit Vichy geliebäugelt hatten, die sich der Résistance anschlossen und dabei ihr Vermögen in Sicherheit zu bringen wussten, und die nach dem Krieg die Ehren einstreichen, während Saint-Exupéry vermisst gemeldet ist …

Was man hier findet, war ähnlich zwar auch schon in der *Rose des Kleinen Prinzen*, einer wahrhaft persönlichen Biografie Saint-Exupérys, zwischen den Zeilen zu ahnen, hier ist es aber auf vertraulichere, diskretere Weise dargelegt. Wenn man diese Briefe liest, tritt man verstohlen in Greta Garbos Salon, der leer erscheint ohne Saint-Exupérys lärmende Gegenwart, oder an einem Wintersonntag in die mit einem Holzfeuer geheizte Bibliothek im Haus von Freunden am Lake George, und hört die Stimme Consuelos, wie sie die Bande, die der Krieg zerrissen hat, von neuem knüpft. Man fühlt sich an die langsame, geduldige Webarbeit Penelopes erinnert, die auf ihren Odysseus wartet, oder den Trauergesang Berenikes, die die Trennung nicht hinnehmen will.

Wir haben hier einen »Dialog der Liebenden« vor uns, eine lange Liebesklage, die um Hilfe ruft und am Warten krankt. Denn was an diesen Briefen vor allem im Gedächtnis bleibt, ist das, was ihren Anlass bildet und sie gestaltet, das heißt, das Motiv des untröstlichen Wartens. Quälend eindringlich zieht das Wort sich über die Seiten; war es schon in den Memoiren vorhanden, so ist es in den Briefen allgegenwärtig. Warten, weil ein Versprechen auf Rückkehr gegeben wurde, warten, weil man sich weigert, sich dem Offensichtlichen zu beugen, warten, weil es auch um ihr eigenes Leben geht, ihre eigene Gegenwart auf der »Erde der Menschen«. Wie soll sie reisen, lachen, singen, baden, ihr Haus mit Blumen füllen, sich in ihren Nerz schmiegen, mit snobistischen Damen Tee trinken, dem Gurren von Höflingen und Verehrern lauschen, wenn tief im Inneren alles danach ruft, wieder die großen, starken Arme ihres Gatten zu spüren. »Vor Freude geweint über Ihren Brief vom Juni, wollte, ich könnte Sie mit meinen Händen berühren«, telegrafiert sie im März 1944 aus Lake George und bittet im selben Schreiben den Generalstab – oder Gott – : »Bitte Sie, auf meinen Mann aufzupassen und ihn mir heil zurückzubringen.«

Von da an lebt Consuelo eine Täuschung; sie tut, als ob. Sie spielt Theater, sie besucht Feste, sie stellt ihre leuchtend bunten Bilder aus, sie posiert für mondäne Maler, vielleicht in der Erinnerung an die Rose von einst, die nach Saint-Exupérys Verschwinden nur noch hässliche Dornen besitzt: »Meine Finger sind jetzt verkrümmt«, berichtet sie, »und meine Hände knotig.« Aber was ist das Geheimnis, das hinter ihren »Witwennächten« steckt, wie sie sie nennt? Nächte der Verzweiflung, in denen sie Saint-Exupérys Gegenwart weiter spüren wollte und fortfuhr, zu ihm zu sprechen, als befände er sich ihr gegenüber, kommentierte ihre kleinsten Handlungen und Bewegungen, die lächerlich und winzig waren, aber ganz allein Consuelos kleines Epos erzählten, das ihr Kraft gab, weiterzuleben.

In dem vorliegenden unveröffentlichten Zeugnis schildert sie die tiefe und bis dahin sorgsam verborgene Beziehung, die sie mit ihrem Mann verband. Das Werk des Autors selbst wurzelt in diesem Einklang und dieser Leidenschaft. Seine Phase literarischer Sterilität zwischen 1931 und 1938 einzig Consuelo anzulasten, wie man das getan hat, ist eine Ungerechtigkeit und eine Verleugnung der Wahrheit. Zu behaupten, dass Consuelo, anders als Elsa Triolet für Aragon oder Simone de Beauvoir für Sartre, keine Rolle bei der Entstehung seines Werkes gespielt habe, zeugt nur von mangelnder Kenntnis. Sicherlich, Consuelo war keine Intellektuelle, aber Saint-Exupéry hatte sich nicht getäuscht: In dem Überschwang seiner Frau, in ihrer überbordenden barocken Art, in ihrem Erzähltalent, erkannte er die Triebkraft des Schreibens selbst. Consuelo war es, die ihn zu *Nachtflug* inspirierte, so dass sie ihre erste große Enttäuschung als Frau eines Schriftstellers erlebte, weil sie geglaubt hatte, dieses Werk sei die Frucht ihrer beider Liebe. Sie drängte ihn zum

Schreiben, förderte seine Arbeit, richtete sein Büro ein und verweigerte ihm sogar, wie sie scherzhaft berichtet, ihre Umarmung und ihr Bett, wenn er nicht seine drei Seiten täglich schrieb! Sie hat auch den *Kleinen Prinzen* sehr stark inspiriert, und gewiss wird der Tag kommen, an dem man den entscheidenden Einfluss anerkennt, den sie in Bevin House auf die Schöpfung von Saint-Exupérys legendärem kleinen Helden ausgeübt hat. Gerade in ihren »Sonntagsbriefen« beharrt sie auf der subtilen Verbindung zwischen Antoine und ihr während der Zeit, als Saint-Exupéry den *Kleinen Prinzen* abschloss. Lange Zeit fanden sich gewisse Kritiker und Verfechter des Mythos, die glauben machen wollten, die Rose stelle Saint-Exupérys Mutter dar ... Consuelo betont die Wahrheit. Sie ist tatsächlich das Vorbild, das den Autor zur Rose des *Kleinen Prinzen* inspirierte, sie ist es, die »in ihm strahlt wie die Flamme einer Lampe, selbst wenn er schläft«, sie ist »schwach«, sie ist »naiv«, sie »möchte nur im vollen Glanze ihrer Schönheit erscheinen«, und deswegen wählt sie »sorgfältig ihre Farben«, denn sie will nicht »ganz zerknittert hinauskommen wie ein Klatschmohn« und macht sich »im Schutz ihres grünen Zimmers« zurecht. Desselben Grüns, das Marcel Duchamp in Paris für ihrer beider Zimmer gemischt hatte und an das Saint-Exupéry sich in der Melancholie seines amerikanischen Exils erinnert.

Die Trennung hat die feinen Bande, die Consuelo und Saint-Exupéry vereinten, gestärkt. Allzu leicht wird behauptet, das Paar habe sich nicht verstanden, und manch einer glaubte schließlich, Consuelo sei »die Ex von Saint-Ex«[3].

So soll der Schriftsteller angeblich sein Werk in Einsamkeit geschaffen haben, höchstens mit der Unterstützung einiger Freunde und vor allem dank der leidenschaftlichen Aufmerksamkeit seiner beharrlichsten Geliebten, Madame E. Sicher, die reiche Geliebte, die vergeistigter war als Consuelo, wohlhabender und kultivierter, und Saint-Exupéry in die einflussreichsten Kreise der literarischen Welt einführte. Doch auch hier vermitteln die »Sonntagsbriefe« uns ein besseres Verständnis des unendlich komplexeren Charakters der Beziehung zwischen den Ehegatten. Von den beiden ist Consuelo die Schriftstellerin, die Geschichtenerzählerin, die Scheherezade, wie ihre Freunde sie nannten[4], und Saint-Exupéry gab sich eher als Moralist im strengen Sinne Pascals, der wie die großen Autoren des siebzehnten Jahrhunderts darauf bedacht war, die Komplexität der *Conditio humana* zu erfassen. Sie beide waren »enfants terribles« und führten ein poetisches Leben. Gewiss hätte Madame E., eine große Industrie- und Politikstrategin und eifrige Leserin von Teilhard de Chardin, nicht die Rolle der surrealistischen Nadja spielen können, die Saint-Exupéry in Consuelo sah, die ihn entzückte und die er doch zugleich aus einer Laune heraus oder ganz einfach aus Eigennutz herabsetzen konnte. Aber die Trennung kristallisierte heraus, was sie verbunden und unlöslich miteinander verschmolzen hatte, diese sprunghafte und brutale Liebe, diese unauslöschliche Leidenschaft, zu der Saint-Exupéry immer wieder zurückkehrte. Die Briefe des Autors an seine Frau, die man ebenfalls eines Tages veröffentlichen sollte, enthüllen in der angespannten Einsamkeit von Algier, Sardinien und Korsika die Macht dieser Liebe. Consuelo hat den Charakter dieser Beziehung also keinesfalls zusammenfantasiert oder -spekuliert. Die »Sonntagsbriefe« sind keine »Fehlleistung des Gedächtnisses«, sondern spiegeln die tragische und erschütternde Realität einer nicht lebbaren Liebe, die die Liebenden dennoch leben wollten. Die Prüfung der Sterne.

Die »Sonntagsbriefe« stellen sich so als das fragmentarische Zeugnis eines doppelt tragischen Verlusts dar, denn Consuelo trauert nicht nur um einen Toten, sondern auch um seinen verschollenen Körper. Sie reibt sich an einer untröstlichen Leere auf, die sie nicht auszufüllen vermag. Wir erfahren, wie die hübsche Salvadorianerin mit den liberalen Künstlersitten, mit den Launen eines verwöhnten Kindes, mit der blumigen Sprache, durch Saint-Exupérys legendäres spurloses Verschwinden von ihm die Lektion lernt, die er sie im *Kleinen Prinzen* gelehrt hat, das in vielerlei Hinsicht in New York ihr Vademecum war: Treue, Verantwortungsbewusstsein, die Sorge für andere, das Staunen angesichts des gestirnten Himmels, Sehnsucht nach Afrika und der Wüste, Verachtung gegenüber Falschheit und Lüge. Außerdem hören wir, dass sie von ihm ein Meisterwerk erwartet, das *Stadt in der Wüste [Citadelle]* heißt, mit dessen Entwurf er begonnen und dessen erste Grundlage er im amerikanischen Exil gelegt hat. Darin umreißt er seine humanistische Philosophie und seine Suche nach dem Glück, während er schon die kommende Katastrophe der modernen Welt vorausahnt, dieser Termitengesellschaft, die ihre Erinnerung an die Kindheit und ihre großen Geheimnisse verloren hat. Neben der gewohnten Leichtigkeit, in die sich Consuelo rettet, um sich vor der Verzweiflung zu schützen, speisen sich die »Sonntagsbriefe« aus dem, was Saint-Exupéry im *Kleinen Prinzen* verriet: »Das Wichtigste ist unsichtbar.« Zu lange hat man Consuelo für verschwenderisch und eitel gehalten – vielleicht war sie das, aber eher spielerisch, weil in ihren Augen nichts besser war, als sich zu amüsieren, um dem Verstreichen der Zeit, dem unerbittlichen Verlust der Jugend zu trotzen. Man glaubte, sie sei dumm und passe nicht in die gesellschaftlichen Kreise ihres Mannes – und man versäumte nicht, sich vor Saint-Exupéry über ihren Akzent und ihren fehlerhaften Satzbau zu mokieren. Consuelo wusste das alles, sie hatte Blicke und Gesten aufgefangen, Gespräche mitgehört und sich nicht täuschen lassen. Aber sie besaß die Kraft und Charakterstärke, das zu lernen, was ihr Mann von den Menschen erwartete: Größe angesichts widriger Umstände, Treue und Mitgefühl. Sicher, häufig fiel sie zurück in ihre Schwächen, was sie in ihren Briefen nicht verhehlt. Manchmal hat sie auch vergessen, die Koffer ihres Mannes mit sauberer und gut gebügelter Wäsche zu versehen, doch bevor er in den Krieg zog, dachte sie daran. Saint-Exupéry selbst hatte es sich, grob und ein wenig machohaft, nicht nehmen lassen, ihr kaum zwei Tage vor seiner Abreise aus den USA vorzuwerfen: »Ich habe nicht ein Hemd ohne Löcher für Nordafrika, keine Socken, keine Schuhe, nichts.« Aber die Entfernung, die Unsicherheit brachten zuwege, was man Consuelos Bekehrung nennen könnte. Das Paar erlebt die Trennung wie eine Vergebung: Saint-Exupéry weiß zu schätzen, was er in New York zurückgelassen hat, und Consuelo ermisst ihre Liebe zu diesem Mann und den Umfang seiner Botschaft, diesen Ernst, der darunter liegt. Nie wieder wird sie sich von ihm trennen.

Das Unsichtbare, das ist jener matte, tiefe Glanz, der im Inneren des Selbst verborgen ist, den Saint-Exupéry auf dem anderen Kontinent sie zu entdecken lehrt und dessen Zeichen sie in Zukunft ausstrahlen wird.

Nun schwingen ihre Stimmen im Einklang. »Um meinen Schmerz zu lindern, hast Du mir oft geschrieben: ›Glaub nicht, wenn man Dir sagt, ich sei gefallen, verschwunden, gefangen. Ich werde zurückkommen. Bitte, tu nicht dasselbe wie die amerikanischen Frauen, die sich wieder verheiraten und zwei Ehemänner haben, wenn ihr Mann aus dem Krieg heimkehrt.‹ Ich glaube nichts, mein Gatte, mein Liebster, vielleicht hast Du Dich nur in ein Kloster auf einem anderen Planeten zurückgezogen, von dem aus Du mir bald ein Zeichen geben wirst, wie das Deine Gewohnheit ist, und ich werde sofort die Koffer packen und zu Dir kommen.«

Alain Vircondelet
Paris, März 2001

ERSTER TEIL

New York

Mitte April 1943 bis 1946

I

Während des Krieges in New York habe ich dut-
zendweise Briefe an meinen Mann verfasst. Ich
wusste nie, wann ein U-Boot, ein Soldat oder General abfahren würde, um sie ihm zu überbringen.
Gewissenhaft schrieb ich sie auf einem Block mit
ganz feinem Papier, so transparent, dass das Licht
hindurchfiel. Ich habe nur noch dafür gelebt. »Sonntagsbriefe« habe ich sie genannt, weil ich den ersten eines Sonntags nach der Messe begann. Als
Tonio in Cap Juby in der Wüste lebte, benutzten wir
Brieftauben, um uns unsere Liebesbriefe zu schicken. Schwach war die Hoffnung, in diesem Beruf
des Piloten zu überleben, aber dennoch gelang es
uns, unsere Herzen weiter in Liebe schlagen zu lassen.

2

35, Beekman Place, April 1943

Tonio, mein lieber Gatte,

ich halte den Atem an, um Dir zu schreiben, so bewegt bin ich, als ich mich langsam in meinem Krankenbett[5] aufsetze, um den ersten Brief an Dich zu beginnen. Gott weiß, ob er Dich erreichen wird, ob er Dich überhaupt so berührt, wie ich mir das wünsche. Nach Deinem überstürzten Aufbruch und all den Einkäufen, die dank unserer tüchtigen Sekretärin noch ordentlich erledigt wurden, bleibt mir nur noch, Bilanz zu ziehen und mich zu überzeugen, ob Du genug Wäsche, Tinte, Schreibpapier und Vitamine mitgenommen hast. Doktor G. hat mir erklärt, Du hättest genug Sulfonamid dabei, um im Fall eines Flugzeugunglücks gegen eine Infektion gerüstet zu sein. Was das Fernglas angeht, das Madame X. Dir geschenkt hat, versuch doch bitte, mein Liebster, es nicht gleich beim ersten Gebrauch zu verlieren.

Weil kein Platz mehr in Deinen Koffern war, habe ich Deine Fotoapparate, ein kleines Radio und Wollsocken in die Hutschachtel packen lassen, und außerdem viele Taschentücher, die ich mit Wäschetinte gekennzeichnet habe. Das ist sehr hässlich, aber so kommen sie wenigstens aus der Wäscherei zurück. Ich habe einen kleinen Mond darauf gezeichnet, damit die Diebe sich erbarmen und Dir ein paar übrig lassen. In eine Tabakdose habe ich zwei Reservestifte gesteckt. Ich weiß, dass Du sie oft verlierst, und wenn Du Dir Deine Pfeife anzündest, findest Du sie in Deiner Tabakdose. Ja, ich weiß, dass Du nicht gern Pfeife rauchst, aber ich hoffe, dass Du jetzt ein braver Ehemann geworden bist und Dich daran gewöhnst, Pfeife zu rauchen, um mir eine Freude zu machen. Ein ernsthafter Ehemann, der am Kamin sein Pfeifchen schmaucht, das ist mein Traum. Gib Dir ein bisschen Mühe, denn von den Zigaretten bekommst Du Husten. Außerdem hat der Doktor mir berichtet, dass Deine Herzaorta ziemlich erweitert ist, und die Pfeife schadet Dir weniger als die Zigaretten. Von jetzt an werde ich Dir in jedem Paket eine Pfeife schicken, eine schöne Pfeife aus weißem Meerschaum, und Pfeifen aus den besten Hölzern von den Inseln, die ich in Amerika finden werde. Aber verschenk sie nicht an Deine Kameraden. Ich hoffe, dass ich eines Tages nichts anderes zu tun habe, als sie in parfümiertem Alkohol zu baden, damit Du Dich freust, sie von neuem rauchen zu können.

Die erste Besucherin, die mich einige Stunden nach Deiner Abreise in meinem Krankenzimmer aufsuchte, war die dicke Thérèse Bonnet. Sie hat mir Deine letzte Abschiedsbotschaft überbracht, und ich habe sie bewundert, weil sie mit Dir gesprochen hat, obwohl es verboten ist, sich den Soldaten zu nähern, die an Bord gehen und in den Krieg ziehen. Thérèse hat mir gesagt, Du hättest ihr versprochen, ein Vorwort für ihren Fotoband über die armen Kinder in Europa zu schreiben.

Sie hat mir auch erzählt, dass sie so bald wie möglich nach Frankreich gehen wird, um ein kleines Dorf in der Normandie wieder aufzubauen, selbst wenn sie dabei draufginge. Welch einen Willen, welch eine Kraft diese Frau besitzt! Ich schämte mich, weil ich mich kaum aufsetzen konnte, und als ich zu gestikulieren begann, während ich von Dir sprach, sah ich die Fenster vor meinen Augen tanzen, und Thérèse schien gleich mehrmals neben mir zu stehen. Ich habe nichts von meinem Unwohlsein gesagt, aber sie sah an meiner Blässe, dass ich müde war. Meine *Nurse* hat dann erklärt, ich sei durch Deine Abreise so aufgewühlt, dass ich meinen Schlaftrunk nehmen müsse. Aber die Medizin hat mich munter gemacht. Die Krankenschwester ist zu Bett gegangen, und ich hatte Lust, Dir von diesem Tag zu schreiben, der bestimmt wichtig für unser Leben sein wird.

Annibal ist völlig von Sinnen und sucht in allen Zimmern nach Dir. »Dieser Hund hat eine Seele«, sagt Antoinette zu mir. Ich höre ihr zu, das schläfert mich ein, und ich lache nicht. Warum sollte er auch keine haben? Wer weiß denn genau, ob Lebewesen oder Dinge eine Seele besitzen?

Ich weiß nur, dass ich Dich liebe. Ich weiß, dass Du Dich abschießen lassen wirst und ich vielleicht meinen Gefährten verliere. Von dem Tag an werde ich nur noch ein halber Mensch sein.

Jetzt kann ich schon wieder telefonieren und den Kopf fast vollständig von links nach rechts drehen. Aber ich kann mich noch nicht allein waschen. Ich glaube, wenn die Diebe nicht so fest zugeschlagen hätten, dann hätte ich Dich nicht fahren lassen. Nun muss ich mein Schicksal ganz allein auf mich nehmen. Ich warte auf Dich. Gute Nacht.

…/… Ich setze meinen Brief fort, denn ich kann

nicht schlafen. Ein fürchterlicher Wind peitscht den Fluss auf.[6] Vor meinen Fenstern ziehen viele, viele Kriegsschiffe vorüber, und ich habe gehört, Dein Schiff sei direkt unter unserer Terrasse vorbeigefahren. Anscheinend habt ihr vierundzwanzig Stunden auf Reede gelegen. Ist Dein Schiff ein U-Boot? Ich frage mich, ob Du Freunde um Dich hast, die Französisch sprechen. Ansonsten wirst Du Dich allein zwischen diesen ganzen Amerikanern fühlen. Und Du bist so dickköpfig, mein kleiner Gatte, dass Du absolut kein Englisch lernen wolltest ...[7]

3

35, Beekman Place, Juli 1943

Ich erinnere mich an das, was Du mir vor Deiner Abreise nach Algier gesagt hast. Deine Stimme ist mir geblieben. Ich vernehme sie wie meinen eigenen Herzschlag, und ich werde sie für immer hören. »Weine nicht. Das Unbekannte ist schön, wenn man auf Entdeckungsreise geht. Ich werde für mein Land in den Krieg ziehen. Sieh mir nicht in die Augen, weil ich auch vor Freude weine. Es macht mir Kummer, Dich weinen zu sehen. Fast möchte ich dem Himmel dafür danken, dass ich einen Schatz verlasse: Mein Haus, meine Bücher, meinen Hund. Und Du wirst mir darauf Acht geben.«

Und Du hast hinzugesetzt: »Schreib mir jeden Tag zwei, drei Zeilen. Du wirst sehen, das ist wie ein

Telefongespräch, und wir werden nicht getrennt sein, weil Du für alle Zeit meine Frau bist. Wir werden auf die Entfernung miteinander verbunden sein, dieselben Tage durchleben, aber nicht dieselben Dinge sehen. Ach, wie köstlich, ein Haus zu besitzen, einen Brunnen. Und weißt Du, Pimpernelle, mein Haus habe ich in Dir, und mein Brunnen ist in Deinen Augen. Wenn Du sie wieder aufschlägst, komme ich vielleicht mit einem weißen Bart zurück oder lahm, und Du musst mich schön finden wie einen Baum, der mit Schnee überpudert ist, dem Schnee der Kriegszeit. Schließ die Augen, meine Pimpernelle, und ich werde gehen.«

Also habe ich die Augen geschlossen, und seitdem warte ich auf Dich.

Jeden Sonntag werde ich Dir schreiben, Dir sagen, dass ich auf Dich warte. Ich werde leuchtende Verse in Deinen weißen Bart weben und Dir, wenn ich das vermag, eine Tiara aus Sternen auf die Stirn setzen.

Ja, mir scheint, wenn ich Dir auf diese Weise schreibe, dann rette ich einige Partikel des Schönen und Guten, die Du mir zur Verwahrung anvertraut hast.

Ich erinnere mich an Deine Briefe aus New York, während ich in Oppède lebte.[8] Du hast mir berichtet, wie Du Deine Tage damit zubrachtest, mit den amerikanischen Damen der Gesellschaft Kuchen zu essen und Tee zu trinken. Und je mehr Du Dich bemühtest, sie poetisch zu umschreiben, ihnen ihren schlechten Geschmack zu vergeben, ihre guten Absichten zu betonen und ihren guten Willen, alles

Französische nachzuahmen, umso weniger konntest Du sie mir sympathisch machen. Nun bin ich allein in New York, und ich kann sie immer noch nicht leiden.

Kürzlich ist mir eine komische Geschichte passiert. Du weißt ja, dass man hier die Feuerwehr und Himmel und Hölle in Bewegung setzten muss, um eine arme Taube zu retten, die verletzt auf der Straße liegt. In der Fifth Avenue stand ich ganz erstaunt vor der schneeweißen Mademoiselle Colombe, die die vierzig Grad und die Julisonne noch schlechter ertrug als ich und auf dem New Yorker Asphalt lag ... Ich hatte sie von einem Balkon im fünfzigsten Stock heruntersegeln sehen, sah nur den Schatten ihrer stürzenden Flügel, der drohend über den Passanten wogte. Gerührt nahm ich sie in die Hände und ging mit ihr in die nächste Apotheke. Ich war sehr froh, vor den dunklen Wolken des Krieges fliehen zu können, wenn auch nur für einen kurzen Moment ... Eine Frau hatte Mitleid mit der verletzten Taube, die ich in mein Taschentuch gewickelt hatte, und ließ mich vor. Doch der Apotheker hatte nicht einmal Zeit, den Mund aufzumachen, da stürzten unter dem Sirenengeheul der Feuerwehrautos auch schon riesige Polizisten in die Apotheke! Sie rissen mir den Vogel aus den Händen und behaupteten, ich hätte gegen das Gesetz verstoßen. Und wenn ich amerikanische Staatsbürgerin gewesen wäre, hätten sie mich mit aufs Revier genommen, damit ich mich für diese in New York verbotene Tat verantworte.

Ich weiß gar nicht, warum ich Dir all diese nebensächlichen Geschichten erzähle. Bestimmt wirst Du meine Briefe töricht finden, aber es tut mir gut, laut mit Dir zu sprechen. Ich habe doch nur noch Annibal, unseren Hund, der in den Schränken nach Dir sucht und bei jedem Klingeln unruhig wird. Ach ja, wir warten beide mit Ungeduld auf Deine Rückkehr!

Inzwischen benutze ich auch das Diktaphon, das ich Dir gekauft hatte, damit Du es zum Schreiben Deiner Bücher gebrauchst. Du erinnerst Dich, vor Deiner Abreise hast Du mir gesagt, ich könne es benutzen. Und Du hattest Recht[9]: Wenn ich den kleinen Telefonhörer von dem Gerät abnehme, habe ich das Gefühl, Du befändest Dich hinter der Wand oder in einem Nebenhaus, nicht sehr weit entfernt. Aber Du musst auf Deinem Schiff sein, Deinem Unterseeboot, das Dich so weit von mir wegbringt. In meinem einsamen Zimmer kratze ich an meiner Bettkante und sage mir: »Mein Mann wird eine Möglichkeit finden, mir von seiner Reise in diesem schwimmenden Haus zu erzählen, das in so großer Gefahr schwebt.«

Siehst Du, Papou, ich weiß nicht so genau, was ein Ehemann ist. Ich habe keine Ahnung, wo die Rechte des einen und des anderen beginnen und enden. Doch eines weiß ich: Ein Paar zu sein bedeutet, gemeinsam eine wunderbare Pflanzung zu kultivieren.

4

Ich weiß, dass Du mein Mann bist und dass Du dieses Mal das ganze Erbe der Plantage mit Dir genommen hast. Denk daran, dass ich meinen einzigen und wertvollsten Besitz in Deine Hände gelegt habe: Dein Leben. Und eines Tages wirst Du mir für Deinen ungesunden Lebenswandel geradestehen müssen, dafür, dass Du so schlecht für meinen Papou gesorgt hast.

Wichtige Ratschläge: Wenn Du das Dutzend Stifte verloren hast, die in Deinem Koffer Nummer zwei sind, dann hast Du noch einen, den ich mit einer Kette am Futter Deiner marineblauen Uniform befestigt habe. In derselben Tasche findest Du Dein Ersatz-Abzeichen der Ehrenlegion, denn die in Deinen Koffern findest Du ohnehin niemals ... In diese Uniform habe ich auch einen kleinen Vorrat an Vencedrin getan, ein Päckchen Pulmoll und ein kleines Heft aus Pergament, das wasserfest ist; außerdem, keine Ahnung warum, ein Stück Kork und meinen kleinen Revolver, von dem ich mich noch nie getrennt habe und den mir mein erster Mann geschenkt hat. Verzeih mir, dass Du auf dem Perlmuttgriff seinen Namen eingraviert findest, aber Du weißt, dass es eine außergewöhnliche Präzisionswaffe ist. Aus nächster Nähe abgefeuert, tötet sie sofort und nur mit gedämpftem Knall. Ich habe einmal erlebt, wie Enrique[10] in den Straßen von Toledo einen großen, wütenden Hund erschoss, der mich beißen wollte. Außerdem ist die Waffe ein Schmuck-stück, das Du im Notfall verkaufen kannst, denn sie ist mit Blattgold eingelegt.

Bestimmt hat dieser Revolver einmal einem mau-rischen Prinzen gehört, der sich eine leise Waffe wünschte. Die Kugeln vom entsprechenden Kaliber lassen sich nur schwer auftreiben, deswegen habe ich zwanzig Stück in eine kleine Pappschachtel getan, die ich in einen Deiner Reitstiefel gesteckt habe. Ja, ich habe die Reitstiefel eingepackt, auch wenn Du wütend darüber sein wirst. Weiß man, ob Du in Algier nicht plötzlich Lust zum Reiten be-kommst?

In den Taschen deines Zivilanzugs findest Du ein paar kleine Überraschungen, die ich Dir in diesem Brief nicht verraten will, Dinge, von denen ich dach-te, sie könnten praktisch sein. Du musst mir verzei-hen, wenn Du sie nutzlos findest.

In meine Hutschachtel habe ich ein französisch-deutsches Wörterbuch gesteckt und eine Landkar-te. Die Hutschachtel habe ich genommen, weil sie stabiler ist als ein Pappkoffer. Als Denis[11] sie zwi-schen den großen schweinsledernen Koffern sah, meinte er: »Das ist ja witzig; haben Sie ihm etwa seine Melone eingepackt?« Ich habe mir nicht ein-mal die Mühe gemacht, ihm eine Antwort zu geben.

All dieser Krimskrams soll ein Stück von mir sein. Gott weiß, in welcher Mansarde, Hütte oder Gara-ge das alles wie Kraut und Rüben durcheinander liegen wird. Aber das ist mir gleich, Du sollst nur zurückkommen, und wenn Du nackt wie ein Vogel bist. Ich habe Lust, Hemden nähen zu lernen, weite Kleidungsstücke, mit denen ich Dich empfangen werde. Es muss eine große Freude sein, Stoffe auszusuchen, die das geliebte Wesen umhüllen werden, so als könnte man seinem Küken eine Eierschale machen. Wenn ich Königin wäre, würde ich ein Gesetz erlassen, nach dem alle Frauen in der Lage sein müssten, die Kleidung für ihre Männer selbst zu nähen. Nur die Schuhe nicht, das ist zu schwer. Die müsste der Mann herstellen, denn die Männer beschlagen schließlich auch die Pferde ...

5

35, Beekman Place, Sommer (?) 1943

Tonio, mein Liebster, meine Seele, es ist gerade ein paar Wochen her, dass Sie an meinem Bett vorübergeglitten sind, von dem ich auf den Hudson River sehe. Sie haben mir erklärt, auf Befehl der Armee müssten die U-Boote tief unter der Oberfläche des Hudson fahren, der bis zum Meer fließt. Sie haben hinzugesetzt, dass ich Sie wegen der elektrischen Lichter, die fantastische Reflexe auf das Wasser werfen, nicht würde sehen können. Aber Sie würden mich in Ihrem Herzen so fest umarmen, dass ich Ihre Zärtlichkeit mein ganzes Leben lang spüren würde, und wenn Sie nicht zurückkämen, würde der Fluss mir von Ihnen, von uns erzählen.

Ich erinnere mich, dass ich während der ersten Stunden nach Ihrer Abreise wie gelähmt in meinem

Bett lag. Sie wissen ja, dass ich noch krank von diesem heimtückischen Schlag bin, den ich nur einige Tage vor Ihrer Abreise auf den Kopf bekommen habe, bei Nacht, auf der Straße, nicht weit von unserer New Yorker Wohnung. Mit welch zärtlicher Sorge Sie mich ins Center Hospital gebracht haben[12], wie Sie über mich gewacht haben! Ich konnte nicht mehr sprechen, aber ich hörte, wie der Arzt zu Ihnen sagte: »Wir müssen sie zum Laufen bringen, ihr helfen, aus dem Bett zu kommen. Sie versteht, was wir sagen. Wenn sie es ganz allein bis ins Badezimmer schafft, brauchen wir den Warzenfortsatz des Schläfenbeins nicht anzurühren.« Man wusste noch nicht, wie schwer sich dieser hinterhältige Schlag auf mein kleines Hirn ausgewirkt hatte. Sie haben mir ins Ohr geflüstert, Sie haben mich mit Ihren lieben Händen gestreichelt und zu dem Doktor gesagt: »Ich werde sie in die Mitte des Zimmers stellen, damit sie ganz allein ins Badezimmer geht«, und dann haben Sie mich mit Ihrem erstaunlichen Fluidum dorthin geführt. Sie besitzen einen unerklärlichen Magnetismus, den der Himmel Ihnen geschenkt und den Ihre Liebe zu mir entwickelt hat. Oft hatte ich wegen dieser Fähigkeit Angst, weil Sie in die Zukunft sehen konnten, und dabei fürchteten Sie doch die Zukunft.

Als Thérèse kam, um mir diesen Brief zu bringen, den Sie ihr für mich übergeben hatten, da hat sie neben unserem Himmelbett gestanden und mit mir geweint. Annibal sprang freudig um sie herum, und ich zitterte und vergoss heiße Tränen. Die ganze Nacht konnte ich nicht schlafen, und essen ebenso wenig. Ich wachte über das Schicksal Ihres U-Boots, ich betete, ich flehte zu Gott. Keinen Laut vernahm ich, doch ich spürte in jeder Minute, wie Sie das Wasser durchquerten. Denn Sie befanden sich nicht mehr in diesen Wassern, sondern Sie waren und sind noch in mir, tief in meinem Schoß. Verstehen Sie Tonio, Sie sind auch mein Sohn.

Heute begreife ich, warum Sie zu Gott beteten und ihm sagten: »Herr, mach, dass ich mein Leben verstehe, und alles wird gut werden.« Wie soll ich Ihnen mit einem Federstrich, mit einem Wort in diesem Brief diese schreckliche Angst schildern, die ich empfand, als ich wusste, dass Sie in diesem zerbrechlichen Boot eingeschlossen sein würden, obwohl ich wusste, dass Sie von anderen Schiffen begleitet würden, die Sie schützen sollen. Ich wusste, dass Sie wohlbehalten Ihren Hafen erreichen würden, mein Liebster, und ich erinnere mich an das Geheimnis, das Sie mir ins Ohr geflüstert haben, als ich an Ihrer Brust schluchzte. »Machen Sie mir einen Mantel aus Ihrer Liebe, Consuelo, meine Blume, und die Kugeln werden mir nichts anhaben können.« Ich werde Ihnen diesen Mantel schneidern, mein Schatz, mein Liebster. Jeden Tag habe ich mit meiner Liebe zu Ihnen daran genäht. Mein Liebling, manchmal spüre ich, wie die Kälte von Bronze und Marmor meine Füße gefrieren lässt, aber nicht mein Herz. Denn selbst, wenn Sie niemals wiederkehren sollten, werde ich immer hinter Ihnen stehen, und Sie werden mir dort oben, neben unserem Herrn, ein kleines Plätzchen freihalten, bei Ihnen, beim Kleinen Prinzen.

Ich wünschte, Sie würden alle hässlichen Gedanken vergessen, die Sie sich vielleicht über unseren Nachbarn gemacht haben, wenn Sie miteinander Schach spielten, weil er sehr liebenswürdig zu mir war und mir schöne Augen machte. Wenn ich auf Sie zuging, dann schrien Sie: »Consuelo, geh nach oben!« Obwohl wir einen Kammerdiener und Madame Bouchu hatten, verlangten Sie, ich selbst sollte Ihnen den heißen Tee bringen, und dann sah ich, wie Sie unserem Nachbarn einen finsteren Blick zuwarfen ... Mein Liebster, ich weiß, dass Sie Ihre eifersüchtigen Gedanken sehr rasch vergessen haben, sobald Sie Ihre Rache bekamen, wenn Sie nämlich die Partie gewannen. Trotzdem haben Sie ihn oft ein Spiel gewinnen lassen, wenn ich Sie mit einem Blick darum bat. Verstehen Sie, für ihn war das eine Tragödie. Sie haben das nicht gespürt, aber er war sehr unglücklich.

Heute bin ich allein, mein Gatte, mein Krieger und Pilot. Wenn ich an die Tage unserer Liebe zurückdenke, muss ich weinen und finde kein Ende. Ich erinnere mich daran, wie wir an der Place Vauban wohnten und Sie um drei Uhr morgens mit unserem kleinen Hund hinausgingen. Das muss den Leuten eigenartig vorgekommen sein, dieser rießengroße Mann, der sein Hündchen spazieren führte. Für Sie war das eine Erholung; Sie schrieben die ganze Nacht, und um vier oder fünf Uhr gingen Sie mit unserem kleinen Hund aus. Sie führten ihn um den Platz herum und gelangten bis zum Invalidendom. Das war wirklich grandios. Sie sahen zu, wie es hell wurde und die ersten Sonnenstrahlen von der Kuppel des Invalidendoms zurückgeworfen wurden, und Sie sind lange geblieben, haben den Himmel betrachtet und, wie Sie mir erzählt haben, darüber nachgedacht, wie Sie mit dem Schreiben weiterkommen sollten. Zu dieser Zeit hatten Sie *Wind, Sand und Sterne* abgeschlossen, und Sie sagten: »Was soll ich jetzt nur schreiben? Ich bin kein Schriftsteller.« Dann musste ich Sie wieder aufmuntern, so wie man einen Apparat mit einem kleinen Schlüssel aufzieht, und wenn ich die Schnur gezogen hatte, sind Sie angesprungen wie ein Motor und haben zweihundert, sogar dreihundert Seiten geschrieben, die Sie so stark überarbeitet haben, dass am Ende kaum hundert davon übrig blieben! Sie pflegten mir zu sagen: »Aber Consuelo, ich kann doch nicht schreiben ›Die Herzogin kehrte um soundso viel Uhr zurück und nahm den Tee ein‹ ... Ich habe den Menschen Wichtigeres zu sagen, und das muss sich zuerst in mir herausbilden.«

So war unsere große Liebe, mein Tonio, mein großer Abwesender. Die großen Freuden und die Schmerzen, die Tränen und das Lachen. Und dies eine, das Sie mir nie zu sagen vergaßen: »Sie haben viel ertragen, kleine Consuelo, aber ich danke Ihnen für Ihr Vertrauen und Ihre Geduld. Sie sollen wissen, dass ich durch die Sakramente mit Ihnen vereint bin und dass nichts uns jemals trennen wird.«

6

35, Beekman Place, Sommer (?) 1943

Mein Liebster,

sagen Sie mir so schnell wie möglich, dass Sie meine Briefe erhalten, ich liebe es, Ihnen zu schreiben, zu Ihnen zu sprechen, das schenkt mir ein wenig Trost. Ich habe Angst, ich habe Krämpfe um meines armen französischen Soldaten willen! Aber ich weiß, dass Du in mir lesen, mich berühren kannst, dass Du mich hörst und mir antwortest – ach, mein Papou, ich mag nicht an die schlimmen Tage deines Fernseins denken –, ich lebe noch in Deiner Abwesenheit. Haben böse Geister mich verdammt, auf ewig darin zu verharren? Nein, das will ich nicht glauben. Morgen, heute Abend, wirst Du mich umarmen, wirst Deinen großen, warmen Körper an mich schmiegen. Ich brauche es, dass man mich beruhigt, durch das Warten, durch das Alleinsein werde ich ernstlich ein wenig verrückt ... Ich veranstalte ein Spiel und sage: »Tonio ist im Zimmer nebenan, er wartet auf einen Anruf. Ach, wird er endlich aufhören, mit seinen ›Giftspritzen‹ zu sprechen – die ›Giftspritzen‹, das sind die anderen Frauen. Bist Du endlich mit Telefonieren fertig? Tonnio, komm zu mir, sieh doch, ich weine. Vergiss mich nicht.«

Liebster, schreib mir zum Beispiel ein schönes Vorwort, einen Brief von Ihnen, für mein Buch über Oppède. Bald werde ich Ihnen eine Passage aus dem Buch schicken. Such mir einen schönen Titel dafür.

Wenn es sich gut verkauft und ich ein paar Dollar habe, kaufe ich uns ein schönes Haus in Mexiko oder eine Farm hier. Was wäre Ihnen am liebsten? Kalifornien? Oder das Seineufer? Sie brauchen immer viel Raum um sich, mit Ihrer baumlangen Gestalt benötigen Sie ein Feld für sich allein, und je größer es ist, desto gewisser gehört es Ihnen, desto reicher fällt die Ernte aus.

Noch lange werde ich mich daran erinnern, wie ich Sie in Buenos Aires zum ersten Mal unterstützt habe, als Sie nicht mehr ans Schreiben dachten. Ziemlich schwierig war das, Sie aus Ihren Gewohnheiten eines Junggesellen, eines schweifenden Gestirns zu lösen und wieder in einen kleinen Jungen zu verwandeln, der brav seine Aufgaben erledigt; der sich an seinen Schreibtisch setzt, seine Bleistifte spitzt und jeden Tag seine Hausaufgaben macht, damit sein Lehrer zufrieden mit ihm ist. Liebster, Sie sind die schönste Entdeckung, die ich auf dieser Welt je gemacht habe. Natürlich, Sie haben mir dabei geholfen; Ihr erster, zwanzigseitiger Brief hat mich erleuchtet. Ich begriff die ganze Verzweiflung, in die Sie seit langen Jahren versunken waren. Dieser Liebesbrief, der sich an mich richtete wie ein Gebet an eine unbekannte Fee, an das verborgene Idol, an welche Macht auch immer, die Ihnen zur Hilfe kommen und Sie erlösen würde, diesen Liebesbrief haben Sie an mich geschrieben.

Groß und stark, wie Sie waren, haben Sie mir vom Zauber Ihres Nachtflugs erzählt, aber viel mehr noch als das: Schüchtern wie eine Jungfrau baten

Sie darum, ich möge Ihnen den Schleier herunter-
reißen, damit Sie die Botschaft, die Sie in sich spür-
ten, in die Welt hinausrufen konnten. Nicht nur an
eine Frau, nicht an mich war dieser Liebesbrief, dieser Sturm von einem Nachtflug gerichtet. Ich war
da, er trug meinen Namen, und ich erinnere mich
noch an die erste Zeile: »Consuelo, Liebste, wenn
Sie so wollen.« Und am Ende Ihres Briefes, dieses
Gewittersturms, der von Patagonien bis in die Ave-
nida de Mayo wehte, wo ich wohnte, haben Sie mich
erwählt, mit dem Instinkt eines Mannes, der die Ber-
ge, das Unerwartete und die Sterne erobert. So bin
ich zum Schlüssel Ihrer Stunden geworden. Und
unterschrieben haben Sie diese Eroberung mit: »Der
Ihre, wenn Sie dies annehmen.«

Aus Liebe zur Schönheit und dank der Magie unseres ersten gemeinsamen Fluges bin ich mit meinen
Augen Ihrem klugen Blick gefolgt, durch die enormen Schwierigkeiten, die Sie in dieser argentinischen
Luftpostgesellschaft durchmachten, deren Leiter Sie
in Buenos Aires waren.[13] Die Versuchung war groß,
mich auf Sie einzulassen, um in die Windungen Ihres
Herzens einzutreten, Ihres weichen Herzens, wie es
die Romantiker noch heute nennen würden. Schon
hatten Sie mich mit Ihrem Lächeln eines Engels und
Zauberers in Ketten gelegt, mit den tausend kleinen
Zeichen Ihrer Zuneigung, die Sie mir schenkten.
Noch jetzt spüre ich den frischen Geschmack im
Mund, wenn ich an die exotischen Früchte denke,
die Sie mir brachten, erinnere ich mich an die
Muscheln, die aus einem kalten Land in ein warmes
kamen, an das Löwenjunge, ein Weibchen übrigens,

das mich nicht liebte, weil es Dich vorzog, Papou …

Ich bin reich belohnt worden dafür, dass ich Ihnen mein Jawort gegeben habe. Ich bin die Ihrige, und ich bin immer noch zu jeder Stunde Ihre Gefährtin. In einen mit Tränen bestickten Mantel gekleidet, denke ich immer an Sie. Manchmal trösten mich kleine Dinge. Aus Frankreich ins Exil vertrieben, atme ich den Duft meines Parfüms »Vol de Nuit« ein. Ich erinnere mich an den Tag, an dem Sie in unsere Pariser Wohnung traten und zärtlich zu mir sagten: »Ich glaube, ich habe ein hübsches Geschenk für Sie. Monsieur Guerlain, der Parfümeur, hat einen Duft mit dem Namen meines Buchs *Nachtflug*[14] kreiert.« In aller Bescheidenheit, damit ich mich nicht wegen meiner Unwissenheit über Parfüms grämte, erklärten Sie mir, dass man ein Parfüm nicht von einem Moment auf den anderen zusammenmischt. So etwas sei eine Arbeit, die einen langen Atem erfordere. »Das ist wie bei der Champignonzucht. Man kultiviert den Duft, man mischt, man wartet Tage und Tage, bis sich die Ambraaromen und all die Blütenessenzen gut vermischt haben. Und wenn ein Parfüm dann auf der Rampe steht wie der Prototyp eines neuen Flugzeugs, riecht man daran. Zuerst die Kenner, und erst dann ruft man die Poesie zur Hilfe, um es zu taufen.«

Ich fühle mich sehr romantisch, wenn ich jetzt an dieses Parfüm denke, und gerührt durch all die Geschenke und die Erinnerungen an unser glückliches Leben.

Sie sollen wissen, dass es mir viel besser geht. Ich glaube, bald werde ich Spitzentanzen üben, um Sie

graziös wie eine Tänzerin zu empfangen, mein Aller-
liebster.

Die Welt ist nicht schlecht zu mir. Im Laufe unseres Lebens habe ich gelernt, demütig zu sein. Die
kleinste Gabe eines Tages entzückt mich. Und Sie
allein sind mein schönstes Geschenk. Bis bald, mein
Schatz.

7

35, Beekman Place, Sommer 1943

Ja, mein Gatte, ich liebe Dich. Dich. Mit jeder Stunde wächst das Haus, das ich Dir in meinem Herzen
errichtet habe, und Du kannst ganz beruhigt fern
von mir in den Krieg ziehen. Dein Haus ist geschützt
vor dem Sturm der Kugeln und sogar vor der Koket-
terie anderer Frauen, die Dich begehren …

Du wirst nach Hause zurückkehren, weil ich Gera-
nien auf Deinem Balkon gepflanzt habe. Annibal
frisst sie und ich schlage ihn, das hält mich beschäftigt. Er reagiert nicht und sieht mich aus seinen großen, runden Augen an. Ich mag Bulldoggen nicht,
ihr Maul ist zu groß. Wenn Annibal glücklich ist,
sabbert er übermäßig. Das macht Flecken auf meine Kleider und den Teppich. Du vergisst, mein
Tonio, dass wir Beekman Place nur gemietet haben
und dem Besitzer schon so viel Geld für die Gegenstände schulden, die der Hund zerbrochen hat, dass
wir uns damit ruinieren werden. Und trotzdem mag

ich den Hund nicht weggeben. Er ist ein Stück von Dir, ein schwieriger Teil, der beim Anschauen wächst und den Du, mein Lieber, schlecht erzogen hast. Ich will nicht mit Dir schimpfen, aber denk einmal darüber nach, mein Gatte, dass ich gezwungen bin, jeden Abend, wie Du ihm das angewöhnt hast, Seifenblasen für ihn zu pusten, bevor ich schlafen gehe, bevor ich mein Gebet spreche und bevor ich die Gartenstühle hereinhole, die im Übrigen sehr schwer sind, wie ich Dir schon sagte, als wir sie gekauft haben ... Ich habe sie für Deine Rückkehr frisch anstreichen lassen.

Wenn der Krieg nicht ganz schnell zu Ende geht, musst Du auf Urlaub kommen und mich besuchen, versprich es mir, sag ja, mein Gatte. Ich bin krank durch Dein Fernsein. Weißt Du, die Tage ohne Dich sind so lang, so bleiern wie damals Deine Nachtflüge. Beeil Dich und beende diesen Krieg. Ich bin traurig, allein mit Annibal, ich habe niemanden, mit dem ich sprechen könnte. Oft glaube ich, dass ich verrückt geworden bin, weil die Leute nicht richtig verstehen, was ich zu ihnen sage. Unsere protestantischen Freunde haben mich gestern zur Verzweiflung getrieben, sogar zum Weinen gebracht. Sie fanden, es sei unsinnig, so auf Dich zu harren ... Der Krieg würde noch lange dauern, und ich müsse mich damit abfinden .... Aber ich lasse sie reden ...

Ich habe Dein Büro für den Sommer fertig aufgeräumt. Die Sessel sind schön, die Tische gut poliert. Die Tonnen von Papier, die Du vor Deiner Einschiffung in aller Eile voll geschrieben hast, habe ich, sei unbesorgt, ganz gewissenhaft in zwei Truhen mit sehr schönen Schlössern geordnet, und ich war stolz, bei Dir Ordnung geschaffen zu haben. Keine Angst, ich habe nicht das kleinste Papierschnipselchen verloren[15], und bald werde ich eine größere und luxuriösere Truhe bereitstellen für die Papiere, die Du aus dem Krieg mitbringen wirst. Diesem schmutzigen Krieg, der mich so viele Tränen kostet … Auch Deine Traurigkeit tut mir weh, ich möchte Dich so gern davon heilen, sie Dir abnehmen, so wie die Vögel in El Salvador die Trauer vertreiben können, wenn sie singen. Warum mögen sich die Leute in Algier nicht leiden, die sich dort durch den Zwang der Umstände zusammengefunden haben?[16] Der Hass, den zu verachten Du mir beigebracht hast, der Hass, das Hässliche sind unausweichlich immer da …

Danke, mein kleiner Gatte, dass Du mich vor ihnen gewarnt hast. Ich umarme Dich vor den tränenden Augen Annibals, der sich fragt, wie ich nur so lange im selben Sessel sitzen kann, ohne mich zu regen. Seit Deiner Abreise ist er daran gewöhnt, mich von morgens bis abends kommen und gehen zu sehen, bis zur Erschöpfung in der Nacht.

Ich gehe nicht aus. Heute bist Du zwei Monate fort. Noch habe ich keinen Fuß auf die Straßen von New York gesetzt, weil ich einen Garten habe, düstere Fragen, über die ich nachdenken muss, und außerdem bin ich noch nicht gesund. Meine Nachbarn raten mir, diese große Wohnung zu verlassen, ein nicht zu teures Apartment zu mieten und zu Dir nach Algier zu fahren. Ich traue mich nicht, Ihnen zu sagen, dass Du mir verbietest zu kommen, weil

Du bald in den Krieg ziehen und fern von Algier sein wirst, ebenso weit entfernt von mir wie von New York, wo ich nur noch eine Chance habe, Deine Briefe zu bekommen, wenn durch ein Wunder ein Flieger bei Dir vorbeikommt ... Aber ich sage mir, dass ich wenigstens unsere Bücher habe, unsere Erinnerungen ...

Ich schicke Dir Tinte, zwei neue Füllfederhalter, Deine Post und vor allem, Liebster, ein Gebet, das ich jeden Abend spreche und Dir hier anvertraue:

»O Herr, gib Acht auf meinen Mann. Du weißt, was ich seinetwegen durchmache. Wenn man mir meinen Mann wegnimmt, werde ich allein und verwaist zurückbleiben. Ich habe mit angesehen, wie meine kleine Schwester mit einem Mal eine kleine alte Frau wurde. Im Stadtpark hatte man ihr die Puppe gestohlen. Nie wieder wollte sie mit anderen Puppen spielen oder auch nur eine ansehen. Auch ich habe aus Respekt vor ihrem Kummer auf das Puppenspiel verzichtet, und wir haben uns von allen Puppen der Welt fern gehalten. O Herr, genau das würde aus mir werden, wenn mein Gatte nicht zurückkäme. Beschütze ihn.«[17]

Mir ist schwer ums Herz, mein Tonio, ich will nicht, dass der Krieg Dich mir wegnimmt. Bis jetzt bist Du immer zurückgekommen. Ich vertraue auf Gott, auf Dich, dass Du zu mir zurückkehrst, aber pass auf alles auf, sogar auf Deine Zehen. Vergiss nicht, dass der Sand auf der Haut brennt, und geh nie barfuß, vergiss nicht, jeden Abend Deine Medikamente zu nehmen, denn Du hast mir erzählt, dass bei Deinen Kameraden viel Alkohol getrunken wird ...

Der *Kleine Prinz* liegt in den Buchhandlungen aus. Ich schicke Dir drei Exemplare, und gib sie nicht dem Erstbesten. Es ist schwierig, einen General so weit zu umschmeicheln, dass er bereitwillig Bücher mitnimmt. Ich musste dazu bis nach Washington fahren. Ich warte auf Dich, damit Du mir kleine Prinzen auf meinen weißen Mantel zeichnest ...

Wenn Du zurück bist, laden wir Nadia Boulanger[18] ein, und auf die Gefahr hin, dass wir unsere Freunde mit Musik trunken machen, werden wir wie früher die ganze Nacht Bach, Wagner und Beethoven spielen, und anschließend fahren wir aufs Land, zu Ehren Deines Buchs, des *Kleinen Prinzen*, der hier sehr großen Erfolg hat. Und dann werden wir, sobald das möglich ist, nach China und Indien fahren und unterwegs in El Salvador Halt machen, um meine Mutter zu umarmen.

IN
DIESE
PYRAMIDE
HABE ICH TAUSEND
ZÄRTLICHE KÜSSE GETAN.

8

Tonnio,

gestern habe ich Ihnen einen sehr lieben Brief geschickt, der aber voller Tintenflecken war. Ich habe immer einen Brief an Dich auf meinem Tisch liegen, den ich nie beende, niemals abschicke und der nur bedeutet, dass Du bei mir bist, ganz in meiner Nähe. So erzähle ich Dir von allem, was mich bewegt, wenn ich traurig bin, wenn mir bange wird ob dieser schweren Trennung, die immer noch andauert, ohne Ende wie in den grausamen Geschichten aus *Tausendundeiner Nacht* ... Die Jahreszeiten verstreichen, ohne dass Du zurückkehrst.

In West Port[19] habe ich Dir von meinem kleinen Haus auf dem Land geschrieben, der kleinen verhungerten Katze, die mich in einer kühlen Nacht weckte und so glücklich war, Milch zu trinken. Und ich war froh, sie ihr geben zu können, sie aufzuwärmen. Hier kümmere ich mich um meine Heizung, denn wir haben schon Oktober, und die Kamine müssen ständig mit Holz versorgt werden. Ich habe einen Anruf von unserem guten Rouchaud[20] erhalten, der sagte, es gebe vielleicht eine Möglichkeit, Dir ein kleines Geschenk zu schicken, ein Weihnachtspäckchen. Gleich bin ich durch alle Läden von New York gelaufen. Ach, warum habe ich keinen Zauberspiegel entdeckt, so einen, den Du hättest reiben können, und dann wäre ich immer bei Dir gewesen, wenn Du gewollt hättest? Ich wünschte auch, ich hätte eine Schreibmaschine gefunden, die keine Grammatikfehler macht, wie sie mir unterlaufen ... was mich sehr ärgert. Welch ein Unterschied, wenn ich Deine lieben, schönen Briefe lese, mein Schatz, mein Liebster ...

Hier in New York stand ich ganz verloren vor den vielen verschiedenen Dingen, die ich Dir hätte schicken können, und ich sagte mir, dass alle Lager aller Geschäfte nicht genug haben für meinen Liebsten, der im Krieg ist. Zuallererst habe ich Dir einen größeren Koffer gekauft, größer als der, den Vancellius Dir gebracht hat. Nachdem ich ihn gut gefüllt hatte, trug ich ihn zu dem Herrn, der ihn Dir zukommen lassen kann, wenn der Himmel das erlaubt. »Warum schicken Sie nicht gleich noch das Rockefeller Center?«, fragte er, als ich bei ihm eintraf. »Und den Uhrturm?« Also habe ich demütig meinen neuen, ganz vollen Koffer geöffnet, und Madame Souvarine hat sich für die Schweizer Uhr eingesetzt, die acht Stunden läuft, ohne dass man sie aufziehen muss, und ihr Mann für die hübsche weiße Pfeife und die Karten, weil ihm früher die Türme so gefallen haben, die Du daraus für ihn gebaut hast. Den ganzen Rest hat er nicht behalten ... Es ist zum Verzweifeln, dass man keine Sachen schicken kann, nichts kommt an, und wenn, dann nur durch ein Wunder ... So höre ich, dass viele Freunde Gide Dinge nach Algier schicken und nichts bei ihm eintrifft ...

Liebster, ob wir wohl zum Jahreswechsel zusammen sein werden? Ach, Gott weiß, dass mir das gut tun würde, uns beiden ... Nie wieder werden wir uns dann wehtun. Alles, was Du tust, wird gut getan sein, und ich weiß, dass nichts mir Schmerz bereiten wird ... Ich leide so sehr unter Deiner Abwesenheit und der moralischen Gefahr, die auf Dich lauert ... Du bist sehr erschöpft gewesen, schwer geprüft, und Du musst einen Vorrat an Kraft für Deine alten Tage bewahren. Für Dein großes Werk ... Weißt Du, mein Tonnio, zum ersten Mal wirst Du Dich mit der Überzeugung zum Schreiben niedersetzen, Licht für die anderen zu entzünden. Dann wirst Du gelassen sein und sehr schön, und ruhig an der Seite Deiner Frau, und Du wirst bei ihr zu einem goldenen Strahl werden ... Ich bete zum Himmel, dass all die Missverständnisse der Welt Dich nicht entmutigen und betrüben. Aber Du bist wirklich groß, Tonnio, und Du bist jung, mein Gatte. Du wirst nicht die kleinen Dinge des Lebens aufsammeln, die Reste, sondern Du wirst Deine Rose und neues Leben schaffen, mein Geliebter. Du bist ein wahrhafter Zauberer der Schönheit und weißt anderen so viel Gutes zu tun. Du wirst sie lehren, das Leben zu lieben, obwohl es Dir große Schwierigkeiten bereitet, unter den Menschen zu wandeln, die wie eine Masse sind, die man noch formen muss, und Du möchtest sie reiner, beständiger haben. Ich mache Ihnen Komplimente, mein Gatte, die keine Schmeicheleien sind, sondern Wahrheiten, die persönlich zu sagen mir schwer fällt: Wenn Du unruhig bist, weil Du in Deinen Büchern so viel von Dir herschenkst, dann hüte Dich gut vor allem Schlechten, vor allen moralischen Schmerzen, die an einem nagen und in einem Werk immer auftauchen. Ich will nicht, dass Du durch hässliche Dinge gezeichnet wirst. Bereitwillig akzeptiere ich Deinen Kampf in der Wüste, in Deinen Flugzeugen. Das war nicht immer leicht, nicht wahr, mein Geliebter, mein wonniges Kind? Siehst Du, der Himmel liebt uns, ich glaube, dass Du und ich etwas ganz Besonderes sind, Kinder, die der Himmel beschützt. Selbst der Schmerz, den wir uns mit unserem verrückten, brennenden Temperament bereitet haben, hat uns nicht umgebracht. Also, Liebster, denk an alles, was Du zu tun hast, und welche Freude das Deiner Rose bereiten wird, Deiner eitlen Rose, die sich sagen wird: »Ich bin die Rose des Königs, ich bin anders als alle anderen Rosen, weil er mich pflegt, mich leben lässt und meinen Duft einatmet ...«. Und ich werde Dir von den Nächten der Gefahren erzählen, den Nächten der Tränen und den Nächten der Hoffnung, in denen ich auf meinen König gewartet habe ... Ich werde neu geboren werden, ich werde meine ganze Umgebung mit Duft erfüllen, damit man seine heilige, wahre Rose erkennt, seine schöne Rose. Deine Rose ... Ach! Ich schreibe Dir mit der Maschine, weil ich Dir mit der Feder niemals so schnell schreiben könnte. Zu sehr zittert meine Hand, wenn ich erregt bin.

Liebster, ich kann Dir gar nicht sagen, wie sehr ich zum Himmel flehe, mir ein wenig Leben und Jugend zu lassen, um Dich willkommen zu heißen ... Die Freude, die Du mir bereitest, wenn Du mir sagst, dass ich immer noch Deine duftende Pimpernelle bin. Ach, wie gern möchte ich die sein. Also werde ich sein, was ich mir so sehr wünsche, nämlich so, wie Sie mich wollen. Ich glaube, Liebster, zum ersten Mal seit sehr langer Zeit ist niemand außer mir in Deinem Herzen, heute, morgen und das ganze Leben lang ... Du bist mein großer Spiegel, meine einzige Heimat ... Etwas anderes zu denken lähmt mich, nimmt mir den Atem. Ich könnte keine Missverständnisse zwischen Ihnen[21] und mir ertragen.

Ich liebe Sie, ich liebe Sie, mein Geliebter.

Ihre Pimpernelle, Consuelo

9

35, Beekman Place, Herbst 43

Kaum erwacht, lese ich Deinen Brief noch einmal, und der Fliegeralarm von gestern ist gründlich vergessen. Ich spreche mit dem Fluss über Dich, diesem schönen, überaus männlichen Hudson. Ich lächle und höre von ganz nah Deine Stimme, wie Du versuchtest, das Wort auszusprechen: Hudson ... Bestimmt, mein Geliebter, werden Sie niemals Englisch lernen, und Sie haben ganz Recht, weil Sie das Glück haben, so wunderschön Französisch zu sprechen.

Der Himmel über New York ist dunstig. Kaum erkenne ich durch mein blau verhülltes Fenster die vorüberfahrenden Schiffe ... Allein Dein Brief überhäuft mich mit Liebkosungen. Ich bin in alle Ewigkeit Deine Aprikose. Ich werde Ihnen Früchte schenken, immer wenn Sie die Hände nach mir ausstrecken, weil wir von Gott gesegnet sind. Ja, mein

Gatte, welche Freude, zu jeder Stunde Ihre Gefährtin zu sein!

Ich passe auf mich auf, gebe auf mich Acht. Wenn ich in jeder Minute Ihres Krieges bei Ihnen bin, sage ich mir, kann Ihnen nichts Böses geschehen, oder der Tod trifft uns beide.

Sie sollen sich niemals allein fühlen. Mein Herz schlägt nah dem Ihrem. Jeden Morgen ist Ihr lächelndes Gesicht, das ich in meiner Nähe sehe, meine Zuflucht, und ich hoffe, dass Sie, wenn Sie das Licht begrüßen, zuerst nach meinem Gesicht greifen und es Ihnen als Erstes erscheint. Es ist so hart, so bitter, Ihnen bei Ihren Verletzungen, Ihrem Rheumatismus nicht beistehen zu können, obwohl meine Hände sich Ihnen weit entgegenstrecken. Ich sehe Sie allein vor mir wie einen kleinen Jungen, dem man seine Mutter weggenommen hat und der nun seinen Ellbogen selbst verbinden muss. Ich sehe Sie, wie Sie schimpfen, wie Sie die Pipette suchen, ich sehe all die Medikamentenschachteln kunterbunt durcheinander liegen, und mir laufen vor Qual die heißen Tränen herunter über dieses Warten, diese Trennung, die, so hoffe ich, die letzte Prüfung unseres Lebens sein wird. Ich hatte mir gelobt, fröhlich zu sein, Ihnen vom Theater zu erzählen, von Musik, von neu erschienenen Büchern, aber alles ist nur Geräusch, das diese Weltraumstille verhehlen will, die uns heute voneinander trennt. Dabei hatte ich damals, Papou, bei Ihren Nachtflügen, so schön gelernt, beim Warten das Glück Ihrer Rückkehr zu stricken. Hier lege ich meinen Kopf aufs Kissen, aber er mag nicht dort bleiben. Ein Gewicht so groß wie die Welt ist darin umschlossen, und ich stehe auf, um auf Dich zu warten, und ich schreibe Dir.

Dein Lärm fehlt mir, Deine unordentlichen Papiere, die sich auf den Tischen und sogar auf unserem Bett zu Bergen türmten. Ich habe niemanden, mit dem ich schimpfen kann, ich habe niemanden, dem ich gute kleine Mahlzeiten zu essen geben kann, die nach Frankreich schmecken, ohne Dich sind mir die Speisen unverdaulich.

Die lieben Freunde weisen mich darauf hin, dass ich zu viel trinke und nicht genug esse! Ich habe mir ein kleines Restaurant auserkoren, das »Os à moelle«, und dorthin gehe ich zum Essen, wenn es abends zu Hause trübselig wird. Ich leine Annibal mit seinem mexikanischen Halsband an. Er versteht sehr schnell, dass wir spazieren gehen werden, und seine Augen leuchten wie das Gold und Silber an seinem Halsband. Das entschädigt mich für die Mühe, die es mir macht, ihn von Beekman Place bis zur Third Avenue zu führen, denn er zieht fürchterlich, man möchte meinen, er wäre ein junger Stier, der seine erste Banderilla zu spüren bekommen hat! An dem Tag, an dem Du zurückkehrst, wirst Du Deinen Herkules sehen, dieses schöne Tier. Und was für Freudensprünge er für Dich machen wird! Das wird ein einzigartiger Anblick, aber glaub nicht, dass ich jetzt närrisch nach unserem Hund werde. Auf der Straße bleiben die Leute stehen, um mich nach seinem Alter, seinem Namen zu fragen, und ich setze eine bescheidene Miene auf und sage alle Vorzüge seines Stammbaums her ... Du wirst stolz sein, ich dagegen weniger, denn er wird Dich mit so wilden Freudenbekundungen überschütten, dass ich, klein wie ich bin, nicht dagegen ankomme ... Ich würde Dir gern unsere schönen silbernen Kandelaber schicken, um Deine Baracke zu beleuchten. Die Kerzen könnte ich Dir zukommen lassen, das würde ich schaffen, aber vielleicht nur drei, weil die Krieger, die Dein Land durchqueren, sich nicht gern die Taschen voll stopfen! Und wenn diese drei Kerzen ganz winzig sind wie die Kerzen auf einem Geburtstagskuchen, dann sei mir nicht böse. Du weißt, dass meine ganze Seele eine riesige Kerze ist, die wie die Sonne leuchtet, allein für Dich.

Annibal und ich würden so gern zu Dir kommen, rund um Dein Lager spielen und dabei Sandstürme veranstalten. Versprich mir, mich eines Tages mit in die Wüste zu nehmen, damit wir dort auf den *Kleinen Prinzen* warten. Bewahre mir eines Deiner eisernen Kochgeschirre auf, und ich werde Deine Mahlzeit teilen. Und versprich mir, mein großer Junge, dass Du nicht einmal im Traum daran denkst, dort unten zu sterben, wenn die bösen Menschen Dich im Flug verfolgen. An wessen Seite sollen sonst meine Haare weiß werden? Ich wünschte, wir könnten die große Reise gemeinsam antreten. Ich denke manchmal an Stefan Zweig, der seine Frau auf seine Karavelle unter den Segeln der Zeit mitgenommen hat, und ich sage mir, dass die beiden sich sehr geliebt haben müssen ...[22] Aber ich will diese düsteren Gedanken verscheuchen; uns beiden, mein Liebster, ist es ohnehin verboten, an Selbstmord zu denken, weil wir Christen sind und als Christen sterben werden ...

Mein Kindchen, kommen Sie schnell zu mir zurück, ich bin mir selbst eine Last.

10

35, Beekman Place, Winter 1943

Diese schrecklichen *Black-outs*[23] dauern immer länger, und in den Kellern ist es ziemlich dunkel; eine Vorsichtsmaßnahme, sagen die Amerikaner. Ich finde das Ganze reine Zeitverschwendung, aber das Land gewöhnt sich auf diese Weise nach und nach an den Krieg, der es bis jetzt verschont hat, und die Amerikaner werden sich schließlich mit der Trennung von ihren liebsten Menschen abfinden.

In den Schutzräumen schließt man schnell Bekanntschaft. Die Leute sind voller Humor, sie scherzen, es entstehen Flirts. Aber ich bin noch nicht in Stimmung zu einer Luftalarm-Romanze!

Eines Tages war, ich weiß nicht, durch welches Wunder, die Sirene nicht zu hören, vielleicht war sie heiser oder streikte oder die Tür war verschlossen ... Stell Dir vor, bei einer anderen Gelegenheit ließ sie sich nicht mehr abstellen! Sie hat lange geheult und alle Bewohner von Manhattan beunruhigt. Wenn wir einen Charlie-Chaplin-Imitator unter uns hätten, dann hätte der längst ein neues Spiel erfunden, um uns die nicht enden wollenden

Viertelstunden zu vertreiben, die wir eingesperrt unter der Erde verbringen.

Ich habe in allen Koffern nach dem alten Fangbecher gesucht, mit dem wir in Casablanca gespielt haben. Endlich habe ich ihn entdeckt, und beim letzten Alarm habe ich ihn mitgenommen, ihn wie einen Schatz an mein Herz gedrückt und an Dich gedacht. Mit meinem Fangbecherspiel in der Hand muss ich so trostlos ausgesehen haben, dass Mrs Smith, eine Nachbarin von derselben Etage, ein Gespräch mit mir anfing. Ihre zwei Söhne und ihr Mann sind bei den Soldaten. Ihre Söhne dienen in der Luftwaffe. Natürlich habe ich ihr von Dir erzählt, von der Lücke, die Deine Abwesenheit gerissen hat. Seitdem habe ich ein wenig Anteil an ihrem Leben und fühle mich weniger allein.

Ich habe mir ein Spiel einfallen lassen, das Dich, hoffe ich, ebenfalls amüsieren wird. Soll ich es Dir verraten, mein großer Ehemann? Sobald ich die Sirene höre, fange ich in meiner Fantasie an, mir einen Kriminalroman auszudenken. Und so erfinde ich bei jedem *Black-out* ein Kapitel. Das ist ganz lustig, aber es wäre noch netter, wenn Du auch an dem Spiel teilnehmen könntest. Du würdest mir Kapitel schicken, Du würdest mir helfen, meine Personen zu gestalten, und so hätte ich die Illusion, weniger fern von Dir zu sein. Ich fände es komisch, wenn uns dieser Roman gelänge. Du wärest der große klassische Schriftsteller, und ich würde die Leser zerstreuen und ihnen auch Angst einjagen ... Ich kenne den Zauber, den Kriminalromane ausüben können; sie erzählen eine Menge Einzelheiten aus dem Alltagsleben, die von einem Kapitel zum nächsten führen; genau die richtige Flucht für jemanden, den das wirkliche Leben bedrückt. Ich erinnere mich, mein kleiner Ehemann, dass das Lesen Deine einzige Entspannung war, wenn wir auf Nachricht von einem Kameraden von der Fluglinie warteten, der sich bei einem Nachtflug am Himmel verirrt hatte. Dann bot ich Dir ein Glas Whisky oder eine Tasse Tee an und hielt Dir einen Köder hin wie einem kleinen Fuchs, den man zähmen will: Mit ein paar Zigaretten, damit Du den Köder auch annahmst, legte ich Dir *L'Aiguille creuse* von Maurice Leblanc auf den Tisch, oder die tausendundeins Abenteuer von Rouletabille, den Helden von Leroux. Du hast geseufzt und das Buch mit der Hand weggeschoben, und dann konntest Du nicht widerstehen und hast es wieder aufgenommen, während sich schon ein kindliches Lächeln auf Deinem neugierigen Knabengesicht abzeichnete, und Du warst glücklich, eine Viertelstunde lang Arsène Lupin zu Besuch zu haben ...

So könnten wir immer zusammen sein, aber da ich zu weit entfernt von Dir bin, um Dir Zigaretten anzubieten, ein schönes weißes Tischtuch auszubreiten oder Dir den Kaffee einzuschenken, den nur ich so zubereiten kann, wie Du ihn liebst, versuche ich mich zu trösten und beginne mit dem ersten Kapitel meines Romans ... Wir werden sehen, was daraus wird ...

Ich habe keinen Plan aufgestellt, und wenn mein kleiner Kopf es nicht fertig bringt, nachdem ich Hunderte von Kriminalromanen gelesen habe, selbst einen zu schreiben, dann bin ich reif für die Meditation, und ich werde Jogi werden ... Ich schätze mein Nirwana nicht gering, aber ich glaube, dass der Himmel während Deiner erzwungenen Abwesenheit über uns wacht, während die Männer sich umbringen und Menschen, die sich lieben, getrennt sind. Trotz Gandhis Gebeten, die Menschen möchten sich nicht zerstören, ist die vernichtende elektrische Spannung, die sie durchläuft, noch stärker, und die Welt stirbt ... Kannst Du nichts ersinnen, mein großer Erfinder, damit diese Spannung nachlässt? Ach, fast hätte ich vergessen, Dich zu fragen, ob Du weiter an Deinem neuesten Patent arbeitest. Liebster, weil Du so traurig bist, so allein unter diesen Männern, die den Krieg ernst nehmen, stell schön Deine Gleichungen auf und entwickle Schiffe, die in den ewig bewegten Wassern des Ozeans immer schneller fahren und uns weit von all diesem Elend wegtragen.

Ich muss laut mit Dir sprechen; ich bin genauso allein wie Annibal, der Dich überall sucht, in den Schränken und den Kommoden, und der jedes Mal unruhig wird, wenn die Türklingel geht. Er ist mein Gefährte geworden, einmal mein kleiner Bruder und dann wieder der Sohn, den ich nie bekommen habe. Er folgt mir auf Schritt und Tritt; sogar wenn ich schlafe, habe ich sein Doggengeschnarch und sein lautes Schnaufen zu ertragen ... Wenn ich mitten in der Nacht aus dem Schlaf hochfahre und Dich im Bett suche, rufe ich mich zur Ruhe, zur Ordnung und versuche meine Tränen zu beherrschen. Dann wecke ich Annibal, damit er mich den Alptraum vergessen lässt. Ich habe mir angewöhnt, ihm ein Stück Zucker zu geben, wenn ich meinen Pfefferminztee aus Deinem großen Kristallglas trinke. Ich streiche darüber und denke daran, wie Du über meine Grimassen lachen würdest, während ich versuche, den ganzen Liter auszutrinken, der in das Glas passt. Ich weiß nicht, wie Du es fertig gebracht hast, das ganze Glas voller Milch auf einen Zug zu leeren, und das mehrmals am Tag!

Dieses Glas ist tabu. Niemand außer mir darf es benutzen. Denis, der mir einen Besuch abstattete, nahm es, um sich ein wenig Wasser einzuschenken. Ich habe es ihm gleich aus den Händen gerissen, weil Annibal ihn gesehen hatte und schon zu knurren begann. Er hat begriffen, dass dies das Glas seines Herrn ist.

Seit einigen Tagen bin ich krank und fange gerade erst an, mich im Bett allein aufzusetzen; obwohl sich mir immer noch der Kopf dreht, esse ich ein wenig, und ohne mich loben zu wollen, Papou, sage ich Dir: »*Las penas con pan son buenas!*«[24] Antoinette wird jeden Tag geheimnisvoller – ich spreche von der Krankenschwester. Du konntest ja noch nie zwischen der Köchin Marguerite und Antoinette unterscheiden. Jeden Tag kommt sie mit einem neuen Hut, steigt die drei Etagen hinauf, geht direkt in mein Zimmer und vergisst, Madame Bouchu[25] guten Tag zu sagen, die vor Eifersucht vergeht, wenn sie Antoinette wie eine große Dame gekleidet sieht.

Ich fühle mich verantwortlich für meine drei Etagen und sehr reich als Herrin dieses Hauses. Für Deinen Urlaub werde ich sie noch verschönern. Im großen Salon werde ich einfach Kakteen aufstellen und eine kleine Palme, wenn das nicht zu teuer kommt. Ich hätte Lust, mir ein paar *peteneras* anzuschaffen, diese sanften Tauben, die einzigen, die den Menschen liebkosen und ihn um Hilfe beim Bau ihres Nestes bitten. Ich habe sie Dir im Zoo des Central Park gezeigt, erinnerst Du Dich? Du hattest mir an diesem Tag die großen Tiger-Löwen gezeigt und mir gedankt, weil ich Dich gezwungen hatte, Dein Arbeitszimmer im achtundvierzigsten Stock zu verlassen. Ich erinnere mich voller Bangigkeit daran, weil Du zu dieser Zeit oft zu einem Fremden wurdest, der mit uns beiden nichts mehr zu tun hatte. Und in diesen Momenten spielte ich die kleine Mumie, die ihrem Idol dient und geduldig darauf wartet, dass es das Wunder verbringt, sie wieder zum Leben zu erwecken. Danke, mein Gott, danke für das Sakrament der Ehe, das uns vereint hat, weil Du gewollt hast, dass mein großer Gatte mich wieder lebendig macht. Jetzt sorge ich mich nicht mehr. All das gehört der Vergangenheit an, nie wieder wird es passieren, dass Du Dir drei Jahre Ferien nimmst.[26] Wirklich beunruhigt war ich nur, wenn Du Dein Leben riskiert hast, und ich hatte immer im Sinn, Dir Deinen Alltag zu vereinfachen und dafür zu sorgen, dass Du alles, was Du brauchtest, zur Hand hattest. So haben der treue Ahmed und ich uns bei Deinen Zwischenaufenthalten in Deinen Zimmern um Dein Wohlergehen gekümmert. Nach diesen unendlichen drei Jahren, am Tag, an dem Du Dich wahrhaft meinem Herzen genähert hast, da hast Du Dich einfach in mir eingerichtet, hast Wurzeln geschlagen, mein großer Baum, und ich habe die Tage nur noch unter einer ewigen Musik aus Intelligenz, Brüderlichkeit und Liebe vorbeieilen sehen. Ich hatte beinahe Angst, als Du zu mir zurückgekehrt bist, mit den Stichen von Bienen aus allen Ländern, noch ganz zerkratzt von den Dornenzweigen der Wege, die Du allein gegangen bist, aber erfüllt von einer Weisheit, die Deine Erfahrungen für immer in Dich eingepflanzt haben. Und so habe ich keine Angst mehr. Ich kann es kaum glauben. Ich lebe nur in Erwartung Deines Urlaubs. Am liebsten möchte ich mich einfach nicht bewegen. Ich mache mir kaum noch Gedanken um die Uhrzeit; ich halte einfach die Augen geschlossen. Dann kommt es mir vor, als wärest Du noch zu Hause, als müsste ich nur in den Kamin hineinrufen und Du würdest mich bis in Dein Arbeitszimmer hören. Allerhand Leute sind gekommen, um sich aus Freundlichkeit oder Neugierde danach zu erkundigen, wie ich allein in dieser riesigen Wohnung[27] leben könne, in der ich meine Tage und Nächte verbringe. Eine Haushälterin ist recht kostspielig, und mein letzter Krankenhausaufenthalt ist ziemlich teuer gekommen. Der einzige Besuch, den ich empfangen habe, war eine Überraschung und kam nur ein paar Minuten nach Deiner Abreise, und das war Thérèse Bonnet. Ich hatte kaum Zeit, ihr zu sagen, dass Du schon fort seiest, da stürzte sie davon und wollte versuchen, Dich am Kai zu sehen. Sie hatte das Glück, Dich zu finden, und sie ist mit einer kleinen Nachricht von Dir für mich zurückgekommen, so gut, so warm, das schmeckte nach Brot und

Honig aus meiner Kindheit ... Seitdem und dank ihrer Hilfe fühle ich mich Mademoiselle Bonnet in Freundschaft verbunden.

Mir ist, als wäre ich mit einem magischen Bann belegt. Nach dem ganzen Aufruhr durch meine Krankheit und Deine Abreise fühle ich mich zerrissen in der Stille und Untätigkeit, in die ich gestürzt bin. Ich weiß, dass ich auf diesem Weg des Wartens auf Deine Rückkehr ganz vorsichtig, behutsam gehen muss. Ich bedaure, dass ich Dir versprochen habe, in der Hoffnung, Dich wiederzusehen, die ganze Zeit über in New York zu bleiben. Mir wäre lieber gewesen, Du hättest Dich entschlossen, mich nach Algier kommen zu lassen.

Ich sollte mich unter meinen Vulkan in San Salvador[28] setzen; mir scheint, meine Gebete hätten in der Nähe unseres Herrn größere Wirkung, und ich hätte die Unterstützung des Propheten Raphael, der von gleich zu gleich mit den Sternen spricht. Ich bitte Dich, genau zu überlegen, ob Du mir nicht erlauben willst, nach Hause zu reisen und dort auf Dich zu warten. Ist Dir eigentlich klar, wie viele Jahre ich in Ländern, in Städten gelebt habe, die mir gleichgültig waren, und nur, einfach nur, um darauf zu warten, Dich auf der Durchreise kurz zu sehen, um Deine Stimme am Telefon zu hören, einen Brief von Dir zu erhalten?

Denk doch, dass ich in New York keine Familie habe. Wenn mir etwas Schlimmes zustieße, dann könnte ich, wenn ich eine Bestandsaufnahme der Freunde anstelle, auf die ich mich wirklich verlassen kann, wahrscheinlich nur auf unseren lieben

Annibal bauen, und ein wenig auf die Freundschaft unseres Nachbarn. Doch wenn er mich besuchen kommt, wage ich nicht einmal, ihm von meiner Verzweiflung zu erzählen.

Mach Dir keine allzu großen Sorgen um meine Gesundheit, ich glaube, diese Beklemmung ist auf Deine Abreise zurückzuführen, die Bedrohung durch Bombenangriffe, durch die ständigen *Blackouts*, die Sirenen, die ohne Unterlass heulen. Ich kann schon mein Bett verlassen, um niederzuknien, zu beten und mich auf das zu konzentrieren, was ich tun muss, denn ich fühle mich den Menschen nutzlos in diesen Zeiten des Krieges.

Ich habe eine gute Nachricht für Sie: Unser Freund Rouchaud ist mich besuchen gekommen. Es hat mir große Freude bereitet, mit ihm über Dich zu sprechen.

»Ich war sehr gerührt über das spontane Vertrauen, das Ihr Mann mir seit unserer Begegnung bezeugt hat«, sagte er mir. »Er wollte mir den Schlüssel seines Tresors anvertrauen, er bat mich um Rat zu seinem großen Manuskript, *Le Caïd*[29]. Er hat mir ganze Passagen daraus vorgelesen, er fühlte sich geborgen bei meinen weißen Haaren, er behandelte mich wie einen geliebten älteren Bruder. Nie werde ich ihn vergessen. Er wünschte sich so sehr, sein Buch auf dem Lande zu beenden, bei Ihnen, aber dann hat er mir ganz melancholisch gesagt: ›Koste es, was es wolle, man muss seine Pflicht tun. Verstehen Sie, Rouchaud, ich bin weder besonders jung noch besonders alt. Vielleicht fällt mir das Leben deswegen so schwer. Alles verletzt mich, die Menschen, die ich in Frankreich am meisten liebe, betrüben und enttäuschen mich. Aber ich werde aus dem Krieg zurückkehren, weil meine Frau auf mich wartet.‹«

Ich erinnere mich noch an jedes Wort, das Du vor Deiner großen Reise zu mir sagtest: »Oh, wie herrlich, ein Haus zu besitzen, einen Brunnen. Und weißt Du, meine Pimpernelle, mein Haus habe ich in Dir, und mein Brunnen ist in Deinen Augen. Sie sind mein Wasser in der Wüste. Schließ die Augen, und wenn Du sie wieder aufschlägst, komme ich mit einem weißen Bart zurück. Sei nicht mehr eifersüchtig auf die Sterne, die mich erwarten. Meine Frau, es ist sehr spät. Ja, aber schau nicht auf die Uhr, ich bin im Begriff, Dir Adieu zu sagen ...« Ich habe Dir gesagt: »Wenn Du aus dem Zimmer gehen willst, dann komm noch einmal in mein Bett. Du sollst mich eine unendlich lange Minute fest in die Arme schließen, und dann werde ich über Stunden die Augen nicht mehr öffnen ...«

»Warte, ich bereite mich vor. Schau mich noch einmal an ... Ich komme zu Dir ...«

Ich fühlte, wie Deine Arme mich umschlossen, und ich konnte mein Wort halten, denn sogar, als ich am nächsten Morgen aufwachte, konnte ich nichts sehen ...

In Greta Garbos großem Schlafzimmer hast Du Deine Koffer einen nach dem anderen von Fenster zu Fenster geschleppt und konntest Dich nicht entschließen, sie in den großen Salon hinunterzutragen. Dort erwartete Dich die kleine Meute frisch gebackener New Yorker, die es geschafft hatten, ihre Einbürgerungspapiere zu bekommen. Du wolltest nicht, dass der Hausdiener Dir half, Deine Koffer hinunterzutragen, und ich hörte das Geschrei der »Freunde«: »Es ist Zeit, Saint-Ex, beeilen Sie sich! Sie werden noch Ihr Schiff verpassen ...«

Und mit großen Schritten, mit einem Krach wie eine ganze Kavallerie, liefen sie durch alle Etagen, schlugen die Türen, die Fenster, als wären sie zu Hause ... So war halt unser Leben, das wissen Sie ... Nach jedem Besuch solcher Exilfranzosen, die uns um Hilfe baten oder taten, als wären wir Freunde, waren Gegenstände verschwunden, und wir waren verantwortlich dafür, weil wir möbliert wohnten und die Einrichtung sehr wertvoll war ...

II

35, Beekman Place, Winter 1943

Heute Morgen werde ich Ihnen einen Brief mit der Hand schreiben, den ich Ihnen auf allen Wegen, die Freunde mir bezeichnet habe, zukommen lasse. Ich bin ein wenig beruhigt, etliche liebende Frauen schreiben ihren Männern nach Algier und haben rasch Antwort bekommen. Ich hoffe, dass dieses kleine Zeichen, das ich an Sie richte, nicht verloren geht. Ich habe alle Stifte im Haus und Federhalter in allen Farben zusammengetragen, damit diese Seite, die Ihnen zugedacht ist, gelingt. Ich werde in Ihr Arbeitszimmer hinuntersteigen und ein wenig Ordnung in den Wust von Papieren bringen, der den Tisch und alle Sessel bedeckt. Mein Herz werde ich fest im Zaum halten, damit meine Seufzer sich nicht in das Geschriebene mischen.

Jeden Tag schreibe ich Dir einen langen Brief ohne Ende über alles, was mir durch den Kopf geht, damit es Ihnen vorkommt, als hätten Sie Ihre Pimpre-nelle, die unerträgliche und die brave, bei sich. Dir zu schreiben ist zu einer Manie, fast zu einem Tick geworden. Ich gehöre mir nicht, wenn ich nicht eng mit Deinen Gedanken verbunden bin.

Der Arzt sagt, dass es mir sehr gut geht. Ich kann alles essen, ich bekomme viele Vitamine und immer noch Spritzen. Annibal habe ich auf dieselbe Diät gesetzt. Er ist ein wenig nervös, und ich muss ihm eine Gummimaus geben, die lauter quietscht als die Spielzeuge, mit denen ich ihn vorher versorgt habe, aber sie beschäftigt ihn den ganzen Tag. Ich wäre so gern gesund, um ihn in den Park auszuführen. Er nimmt zu und wird bald zu kräftig für mich werden. Gestern Nachmittag hat er wie ein Kind geweint, weil er mich bewegen wollte, auf die Straße zu gehen. Ich habe Marguerite gebeten, ihn in den Garten zu lassen, und er hat so laut gebellt, dass Max Ernst[30] mich anrief und sagte, dass der Hund ihn beim Malen störe! Ich habe ihn hereinholen lassen, und er hat weiter heiße Tränen geweint und ist in vollem Tempo die drei Etagen der Wohnung rauf- und run-tergerannt. Er denkt sich wohl, dass er Dich findet, wenn er nach draußen geht. Annibal ist überhaupt nicht mehr umgänglich. Selbst den Freunden, mit denen er früher gern gespielt hat, zeigt er die Zähne. Am Freitag kam ein Elektriker, um das Telefon in Ordnung zu bringen. In Deinem Arbeitszimmer hat er ein Papier angerührt, das auf dem Boden lag, um es auf den Tisch zu legen, und Annibal hat ihm die Zähne in den Arm geschlagen. Zum Glück nicht zu fest, schließlich ist er erst neun Monate alt, aber beunruhigend ist das schon! Der Handwerker war sehr nett. Als er sah, dass ich krank war, sagte er, er wolle mir meinen Hund nicht wegnehmen; denn wenn er seinen Biss einem Arzt zeigte, würde man meinen Hund gleich einschläfern. Ich wusste nicht, was ich sagen, wie ich ihm danken sollte, weil die Amerikaner so stolz sind und Trinkgelder verabscheuen. Aber ich hatte Dir eine Aktentasche aus Schweinsleder bestellt, die nach Deiner Abreise gekommen ist, und die habe ich ihm einfach in die Hand gedrückt. Neben Deine Initialen habe ich seinen Namen auf das Leder geschrieben und hinzugefügt: »Für seine Freundlichkeit, an Monsieur X ...«

Ich habe Annibal ganz fest an den Ohren gezogen. Ich habe ihn sogar gebissen, ich habe ihn mit einem Pantoffel geschlagen, ich habe ihm meinen Arm ins Maul gesteckt, aber er hat sich nicht gerührt. Er ließ sich ganz ruhig alles gefallen, während Antoinette, die Krankenschwester, schrie: »Er wird Ihnen den Arm ausreißen, ich habe Sie gewarnt, Madame, er ist nicht wie andere Tiere.« Ich habe ihr geantwortet: »Sie haben Recht, Antoinette, Annibal hat eine Seele.«

»Also, ich könnte nicht mit diesem Hund leben«, meinte sie. »Er sieht mich so komisch an, ich kann keine Bewegung machen, ohne dass er mir mit seinem Blick folgt … Ich wäre nicht überrascht, ihn sprechen zu hören.« Mit ihren Bemerkungen wollte Antoinette mir höflich zu verstehen geben, dass sie nicht mehr in meinem Dienst bleiben würde, wenn Annibal nicht aufs Land gebracht würde. Ich kenne ihre Art gut, sich wie eine portugiesische Witwe aufzuführen … Sie hat mir schon Farmen herausgesucht, wo man Hunde zu einem sehr vernünftigen Preis verwahrt … Ich bitte Dich, mach Dir keine Sorgen wegen dieser Sache. Ich bin jetzt gesund, und Antoinette ist diejenige, die gehen wird. Ich werde ein gutes schwarzes Hausmädchen finden, und wenn Annibal an ihren Röcken zieht, bekommt er eine Tracht Prügel! Diese Geschichten mit Antoinette entwickeln sich zu einer unerhörten Komödie. Annibal hat begriffen, dass Antoinette uns bedient und zu essen und zu trinken gibt, wenn sie ihren Schwesternkittel trägt. Aber sobald sie den Hut auf dem Kopf hat, ist die Mahlzeit vorüber, und sie geht. Also kämpft er mit ihr, um sie vom Anziehen abzuhalten. Die arme Frau hat schreckliche Angst, sich den Hut aufzusetzen, und gestern hat Annibal gewagt, ihre Tasche zu schnappen und sie mir zu bringen, wobei er fröhlich mit seinen paar Zentimetern Schwanz wedelte. Da Antoinette schon ordentlich angezogen war, wurde sie weiß wie ein Laken und hat mich um ihre Tasche gebeten. Gerade, dass sie sich nicht beklagte, war ein Vorwurf an Annibal … Nachdem sie fort war, sind Annibal und ich in den Garten hinuntergegangen. Es war beinahe finster, und ich habe mich auf einen Liegestuhl gesetzt, um den großen Panzerkreuzern zuzusehen, die in den Krieg ziehen. Jede Viertelstunde fuhr einer vorbei, und alle waren hell erleuchtet, und man sah sogar die Männer, die glücklich über all die leuchtenden Punkte waren. Man hörte ihre Stimmen, ihre letzten Lieder, bevor sie in die feindlichen Gewässer ausliefen. Noch waren sie zu Hause, diese braven Amerikaner, so jung, so naiv, so weit entfernt von der Scheußlichkeit und Grausamkeit der Schlacht ...

Über diese Kais bist Du vor Wochen geschritten, deswegen bin ich es zufrieden, am Abend den Soldaten, die mit Dir fahren werden, Auf Wiedersehen oder Adieu zu sagen.

Wirklich, ich weiß nicht, warum ich nicht verrückt werde. Was fangen wohl die anderen Frauen an? Ohne sie nach ihrer Meinung zu fragen, reißt man ihnen den Sohn, den Vater, den Mann aus ihrem Heim und verlangt von ihnen, augenblicklich alle Rollen der Abwesenden auszufüllen ...

Ich muss mich bei Dir beklagen. Seit Deiner Abreise habe ich in meinem Bett so viel gelitten. Dadurch habe ich entdeckt, wie unendlich groß Häuser sein können, habe den wahren Wert eines Dachs über dem Kopf entdeckt. Diese Wohnung ist mir zu einer zärtlichen Freundin geworden, sanft und tröstlich. Sie stützt mich wie meine Mutter, wenn sie mir als Kind bei meinen ersten, ganz ungeschickten Schritten zu Hilfe kam. Oh, Liebster, wenn Du zurückkommst, kaufen wir uns als Erstes ein kleines Haus. Ganz gleich wo ... Ich hätte am liebsten eines am Wasser, weil ich bei den Vulkanen geboren bin und das Feuer mir Angst macht. Wasser beruhigt mich, vor allem Süßwasser. Besonders mag ich kleine Flüsse mit Stromschnellen, vielleicht, weil sie mich in der Stille der Nacht an das Geräusch eines Flugzeugmotors erinnern. Wenn Du aber Seen bevorzugst, bin ich es auch zufrieden; eine kleine Insel in einem See würde mir Freude bereiten, eine Insel, auf der nur ein einziges Haus steht, wegen Annibal, der eine schreckliche Manie hat. Er entwurzelt nämlich Bäume, während ich schlafe, und das erschreckt mich.

Als ich Annibal aus dem Garten zurückhole, beginne ich sein kleines Spiel zu verstehen ... Er führt mich zum Bett, fleht mich an, heult und zieht an mir, damit ich mich hinlege. Und dann spielt er natürlich seine Komödie, tut so, als wüsste er selbst nicht, wohin er sich legen soll, obwohl er weiß, dass er an meinem Fußende ein Bett hat ... (Ich musste seinen großen Korb gegen ein Bettgestell austauschen, das wie ein Trittbrett vor unserem großen florentinischen Bett steht!)

Ach, ich erinnere mich an Deinen Besuch im Central Hospital, als wäre es gestern gewesen, an den Tag, an dem Du mir mit Deinen geheimnisvollen Einleitungen, Deinen Gesten und Deiner Miene Angst eingejagt hast. »Ich muss Dir etwas Schreckliches gestehen«, sagtest Du. »Versprich mir, dass Du mir im Voraus vergibst, schwöre mir, dass Du nicht mit mir schimpfst ... Ich kann es Dir nicht länger verbergen ... Das muss ich Dir erzählen ... Seit Du im Krankenhaus liegst, seit fast einem Monat ...« Bei jedem weiterem Wort krampfte sich mein Herz zusammen, und ich wartete, wartete, auf das Ungeheuerliche, das Du getan hattest ... »Stell

Dir vor, seit Du nicht mehr da bist, schläft Annibal[31]... in unserem Bett, auf Deiner Seite. Und er
hat in die Matratze gebissen, den Rand unserer Kissen angeknabbert, auf den Laken herumgekaut. Jeden
Tag muss ich die Bettwäsche wechseln lassen ... Während ich schlafe, unterhält er sich damit, die Federn
aus der Matratze zu ziehen, und das Ganze ist wirklich kein Himmelbett mehr. Schrecklich ist das. Verzeih mir, aber Du fehlst uns zu Hause so sehr, dass
wir uns trösten, so gut wir können. Wenn ich mich
todmüde und erschöpft von der Arbeit niederlege,
denn ich schreibe bis drei oder vier Uhr morgens,
dann nehme ich Annibal in die Arme, um ihn daran
zu hindern, die Laken und Vorhänge unseres Betts
zu fressen!«

Ach, Tonio, Liebster, wie süß mir diese kleinen
Dinge jetzt sind! Oft, wenn ich schlaflos liege, wenn
ich an die Stürme am Himmel über Europa, an diese dämonischen Fallgruben des Krieges denke, dann
ziehe ich mein Bett ab, um unsere geflickte Matratze zu betrachten. Und weißt Du, was ich dort sehe?
Eines der Teile ist mit einem Stoff repariert worden,
der mit geflügelten Engelsköpfen bedruckt ist!

Verzeih mir, dass ich in meinen Briefen so albern
daherrede. Wahrscheinlich bin ich so kindisch, weil
ich noch nicht ganz gesund bin. Ich verspreche Dir,
sobald ich ausgehen kann, werde ich Dir in meinen
Briefen den wahren Duft des Lebens dieser großen
elektrisierenden Metropole schicken, die tapfer
kämpft, um das Recht, in Freiheit zu leben, zu ver-
teidigen.

Während ich darauf warte, laufe ich in alle Richtungen durchs Haus … Ich kann einfach keine Ordnung schaffen. Der Schreibtisch von Madame Bouchu, Deiner Sekretärin, ist leer … Sie hat mir unglaublich komische und freudige Momente bereitet … Hör einfach: Sie kam mich besuchen. Sie liebt Annibal so sehr, wie er sie hasst. Sie tanzte um ihn herum, sang ihm eine Arie aus *Mignon* vor und erzählte mir, sie habe den Beruf verfehlt. Der Gesang sei ihre Berufung. »Ohne die Bühne kann ich nicht leben«, sagte sie mir … »Verstehen Sie, Madame, ich kann jetzt nicht mehr für irgendwen arbeiten. Zuerst einmal bin ich die einzige Frau, die perfekt französisch spricht. Ich kenne den ganzen *Larousse* auswendig, und wer könnte es mit mir aufnehmen, nachdem ich mit meinem ›großen Monsieur‹ gearbeitet habe?« ›Der große Monsieur‹, das ist der Titel, den sie Dir in ganz New York verleiht. Bei allen Arbeitsvermittlungen, in denen sie die Referenzen vorlegt, die Du ihr geschrieben hast, spricht sie von dem ›großen Monsieur‹, und wenn sie geht, bekomme ich unvermeidlich einen Anruf aus dem Arbeitsvermittlungsbüro, der immer gleich klingt. »Madame, gerade hat eine kleine dicke Rothaarige unser Büro verlassen, die uns ein außerordentliches Zeugnis von der Hand Ihres Gatten vorgelegt hat. Aber als wir diese einzigartige Referenz zur Kenntnis genommen hatten und sie um Namen und Adresse baten, um sie gleich in die Kartei einzuschreiben, da hat sie herablassend geantwortet: ›Aber ich suche keine Büroarbeit! Was würde denn mein großer Monsieur dazu sagen?‹«

Am Ende ihres Besuchs bot sie mir an: »Wenn Sie

möchten, lasse ich Annibal ein wenig in den Garten.«
Da er noch nie auf sie gehört hat, bringt sie ihm kleine Spielzeuge mit, ähnlich wie die, die Du ihm zum
Kauen gegeben hast, aber sie übertreibt und kauft
ihm welche aus buntem Gummi, die viel größer sind.
So viele Mäuse, kleine Hasen und quietschende Bäl-
le Annibal bekommt, so viel Liebe und Katzbuckel
schenkt er Madame Bouchu. Danach bezieht er wieder seinen Posten am Fuß meines Sessels.

Ich habe sie oft eingeladen, damit sie mir von Dir
erzählt.

»Oh ja, meine Streitereien mit meinem großen
Monsieur«, sagt sie mir. »Daran werde ich mein
ganzes Leben lang denken ...« Dann schnalzt sie
mit der Zunge, schlägt die Augen zur Decke auf
und erzählt mir, wie ungerecht Du sie behandelt
hast.

»Ich erinnere mich voller Liebe an unsere Diskussionen«, sagt sie, als spräche sie von zwei Verliebten, die sich an die wunderbare Versöhnung nach
dem Streit erinnern! »Wer außer mir wäre jeden Tag
um drei Uhr morgens gekommen, um neben seinem
Schlafzimmer zu arbeiten, ohne Lärm zu machen?
Ich habe meine elektrische Schreibmaschine mitgebracht, und er war im Schlaf lauter als ich beim
Arbeiten, Diktaphon und Maschine zusammenge-
nommen ...«

(Sie wollte mir damit bedeuten, dass sie das Vergnügen gehabt hatte, Dich im Schlaf schnarchen zu
hören!) Ich gieße ihr Rum in den Tee, und sie spricht
seufzend, unermüdlich weiter.

»Oh, wie freundlich mein großer Monsieur war!

Er zahlte mir, was ich wollte. An manchen Tagen war ich traurig, schlecht gelaunt, und er schlich sich an und schrie mir meinen Namen in die Ohren. Ich fuhr zusammen und machte natürlich einen Schnitzer. Ich hatte meine Seite verdorben und schaute ihn streng an. ›Sie haben mir Angst eingejagt, Sie sind der größte Mann, den ich je gesehen habe‹, und dann, hi, hi, hi«, fährt Madame Bouchu fort, »dann sagte er zu mir: ›Warum seufzen Sie, Madame Bochu?‹ Ich antwortete ihm: ›Auch ich bin manchmal traurig wie der Kleine Prinz.‹ – ›Na schön, dann zahle ich Ihnen heute den doppelten Lohn, Madame Bouchu!‹ ›Nein‹, sagte ich, ›ich mag keine geraden Zahlen.‹ ›Dann eben dreimal so viel.‹

Ach, er war so gut, mein großer Monsieur. Ich hatte goldene Monate.

Dank ihm konnte ich mir einen Ehemann kaufen!«

»Sie sind verheiratet, Madame Bouchu?«

Ich fragte mich, wer diese dicke, kleine alte Dame hatte heiraten wollen, die ein wenig kahlköpfig und sehr verrückt war, die die Manie hatte, elektrische Apparate zu kaufen und immer nachts auf der Maschine zu tippen …

»Erzählen Sie mir doch, Madame Bouchu, wie Sie sich einen Ehemann gekauft haben.«

»Ja, ich will Ihnen alles berichten: Als ich ziemlich viel Geld hatte, bin ich zu einer Heiratsvermittlung gegangen. Ich habe um einen adligen Engländer gebeten. Die Angestellten haben mich angeschaut und dann ihren Chef gerufen.

›Aber warum denn ausgerechnet einen Engländer, Madame?‹, fragte er.

›Weil die Royal Air Force großartig ist. Ich liebe alle Engländer.‹

›Aber die amerikanischen Flieger sind auch sehr gute Piloten.‹

›Sicher, Monsieur, aber der Pilot meiner Träume soll Ausländer sein ...‹

Daraufhin hat mich der Chef in seinem Büro empfangen.

›Ich bin fünfzig Jahre alt, Monsieur‹, sagte ich ihm. ›Seit dreißig Jahren bereite ich meine Aussteuer vor, ich habe ein kleines Haus am Stadtrand ganz für mich allein. Ich habe fünftausend Dollar auf der Zentralbank, ich verdiene fünfhundert Dollar im Monat und *man reißt sich um mich*. Ich kann Arbeit ablehnen. Heute kann ich mich ausruhen, und daher denke ich, es ist höchste Zeit für meine Flitterwochen ...‹

Zumal mein großer Monsieur mir, bevor er in den Krieg zog, im Augenblick des Abschieds gesagt hat: ›Sie sind reich, Madame Bouchu, Sie können sich sogar im Ballkleid verheiraten.‹ Und er hat mir Dollars um Dollars in die Aktenmappe gesteckt.

Ach, ich werde mein ganzes Leben um seine Abreise weinen. Ich habe einen Ehemann, aber ich habe das Gefühl, als hätte mein großer Monsieur mich als Witwe zurückgelassen. Wohin soll ich denn jetzt um drei Uhr morgens gehen? Der Monsieur erlaubte mir, meine kleinen Schildkröten mitzubringen, obwohl sie in seine Schuhe krabbelten, denn sie waren meine Gefährten, weil ich damals nicht verheiratet war. Und mein großer Monsieur war niemals erstaunt, wenn er mich auf allen vieren unter seinem Bett antraf, weil ich ihnen um acht Uhr morgens ganz frischen Salat geben wollte … Aber ich verliere den Faden. Ich bitte Sie um Verzeihung. Der Chef der Heiratsvermittlung hat sich also meine Wünsche notiert, und eines Tages hat er angerufen und mir meinen Mann vorgestellt: einen echten Engländer aus einer wunderbaren Familie. Er hatte nur eine einzige Bedingung, nämlich dass ich nie Kontakt mit seiner Familie aufnehmen dürfe, die ihm schon vor langer Zeit die Unterstützung gestrichen hatte. Er schlief die ganze Zeit und war ein wenig taub. Im Haus musste außer zur Abendbrotzeit, zwischen sieben und neun, absolute Stille herrschen, und sonntags war er den ganzen Tag abwesend, weil er sich auf dem Land ein wenig Bewegung verschaffen wollte … Wir verstehen uns sehr gut. Da er taub ist, geht er nie ans Telefon. Er braucht viel Schlaf, und er ist sehr sauber und sehr gut erzogen. Wir haben getrennte Schlafzimmer, kurz gesagt, er ist der ideale Ehemann. Aber da der große Monsieur das Zeugnis auf den Namen Madame Bouchu ausgestellt hat, ist er Monsieur Bouchu, bis der große Monsieur zurückkommt …«

Sie liebt Dich, Tonio, diese kleine Schreibmamsell. Kürzlich ist sie ins Krankenhaus Ritz Tower gegangen, um André Maurois[32] zu besuchen und von Dir zu sprechen. Sie hat ihm auch Dein Zeugnis gezeigt, und André Maurois hat ihr eine kleine Arbeit gegeben. Aber da Du sie dermaßen verwöhnt und ihr exorbitante Honorare gezahlt hast, und weil André Maurois nicht mit dem Diktaphon arbeitet, hat

Madame Bouchu beschlossen, sich eine andere Stelle zu suchen.

Wenn Du diesen Brief liest, werden Dir diese Details meines Lebens in New York recht töricht erscheinen, schon eine Sache der Vergangenheit, verglichen mit den Missionen, die Du im Krieg erfüllen musst. Mein Liebster, allein in meiner Wohnung verstreichen die Stunden langsam in der Erinnerung an Dich …

Fry ist immer noch mein Nachbar. Er hat ein Zimmer bei R. gemietet, und Clovis, sein schwarzer Hund, den Du kennst, stattet Annibal Besuche ab. Wenn man sie spielen sieht, könnte man meinen, sie wären ein Paar. Nur dass sie die Pflanzen zertrampeln, die ich zu ziehen versuche, um den Garten zu verschönern, der immer auf Dich warten wird.

Am Samstag bin ich mit Fry in die Waschküche hinuntergegangen, und er hat die beiden Hunde gebadet, die ich anschließend mit Vol de Nuit von Guerlain parfümiert habe. Fry hat mir beim Abendessen Gesellschaft geleistet. Er war selig vor Bewunderung angesichts dieser wunderbaren Bleibe mitten in New York. Ich danke Dir noch einmal dafür, dass Du sie mir geschenkt hast, obwohl die Miete sehr hoch ist und ich mir ständig Andeutungen anhören muss, dass wir hier unser Geld verschleudern. Vergeblich erkläre ich diesen Damen – denn es sind immer Frauen, die uns kritisieren –, dass Du Platz brauchst, um zu arbeiten, dass Deine Arbeit leidet, wenn wir zu zweit in einer kleinen Wohnung leben …

Ja, mein Liebster, Du brauchst Platz um Dich; Deine baumlange Riesengestalt verlangt nach weitem Land, damit Du Deine Ernte einbringen kannst ... Erinnerst Du Dich an unseren Zitronenbaum in Buenos Aires? Er wollte einfach keine Früchte hervorbringen, aber unser Freund, unser lieber Pianist Ricardo Viñes[33], meinte lächelnd: »Wir wollen das Klavier in den Garten schieben. Ich werde spielen und Du, Consuelo, wirst singen ...« So haben wir den Zitronenbaum gebeten, nichts weiter für uns zu tun, als zwei oder drei Zitronen für uns wachsen zu lassen ... Inbrünstig haben wir ihn angefleht, ihm in allen möglichen Sprachen erzählt, dass er keine Promenadenmischung sei, sondern schön. Und unser Einfall wurde belohnt: Wie durch Zauber begannen drei winzige Zitronen zu sprießen ... Die Nachbarn im Nebenhaus, die die gleiche Art Zitronenbäume besaßen wie wir, waren verblüfft, Zitronen an unserem Baum zu sehen, während ihre ihr ganzes Leben lang unproduktiv blieben ... Einmütig haben wir die Verzauberung des netten-Zitronenbaums-der-uns-zugehört-hat geheim gehalten. Auf die gleiche Weise glaube ich, dass mir, wenn ich über Dich wache, wenn ich Gott mit meinen Gebeten und Liedern anflehe, mir immer Hilfe gewährt werden wird, und der Baum, der Du bist, seine schönsten Früchte hervorbringen wird.

12

35, Beekman Place, Winter 1943

Mein Tonio! Mein Sohn, mein Geliebter!

New York liegt immer noch im Nebel, diese Stadt, die für mich eine Wüste ist, weil Du nicht darin wohnst, und ich werde traurig, wenn ich daran denke, dass der Krieg noch lange nicht zu Ende ist.

In den Bars sieht man immer Soldaten, die ebenso besorgt über ihre Zukunft sind. Die Frauen, die sie begleiten, trinken maßlos. Sie sind bereits getrennt, und in der schrecklichen Furcht, ob ihre Männer zurückkehren werden, setzen sie Clownsmasken auf und wissen dabei nicht, ob ihr Publikum ihnen Beifall spenden wird. Werden sie lachen, werden sie zurückkommen?

Und man hört vulgäres, abgehacktes Gelächter. Sie sind berauscht von dem schlechten Whisky, den man uns hier verkauft. Ich bin froh, dass Du wahrscheinlich besseren bekommst. Anscheinend gibt man den Soldaten viel Alkohol, um sie vor dem Angriff aufzuputschen.

Wie Du siehst, lenkt uns hier nichts von Deiner ernsten Beschäftigung des Kriegführens ab. Wir warten auf Nachricht, Tag für Tag, Stunde um Stunde, und man wagt sich nicht zu fragen, ob endlich der Waffenstillstand, die Rückkehr zum Frieden, eintreten wird.

Die Rationierung in New York ist sehr streng, aber für viel Geld versorgen wir uns auf dem Schwarzmarkt mit Kaffee, Tee, Zucker und so weiter.

Vergib mir, Liebster. Ich wollte Dir nicht immer vom Krieg und noch einmal vom Krieg erzählen. So gern würde ich Dich zerstreuen. Ich erinnere mich, dass ich in meiner Kindheit felsenfest glaubte, der Zauberer mit seinen magischen Kräften könne sich in einen Vogel, einen Stein, einen Baum, einen Duft verwandeln. Warum kann ich mich nicht in ein kleines Stück Papier verzaubern, das Ihre Hände berührt? Warum darf ich nicht dieser Brief sein? Papou, glauben Sie auch an die Feen? Ich glaube, dass Du manchmal ein guter Magier bist. Verloren in der Bitternis Deiner Abwesenheit fühle ich mich dennoch durch Dein Lächeln erhellt. Ich sehe Dich, ich spüre Dich im Haus, und dann habe ich Lust zu singen. Ich setze mich auf das weiße Sofa, auf dem Du Seifenblasen für Annibal gemacht hast. Der Topf, den ich dazu mit Wasser gefüllt habe, steht noch am selben Platz, neben dem Aschenbecher, in den Du Deine letzte *Craven A* geworfen hast. Ich puste ganz allein Seifenblasen, wenn mein Herz singt, und merkwürdigerweise jagt Annibal sie nicht. Resigniert streckt er sich zu meinen Füßen aus, ohne Dich, ohne seinen Bruder, seinen Spielkameraden. Nur das Weiße in seinen Augen lächelt ein wenig beim Schimmer der riesigen Seifenblasen, die ich aufblähe wie die Segel eines Schiffes, um Dir unsere Liebe zu schicken.

Ich sage mir ganz leise, dass die Liebe eine Farbe haben muss. Sie muss wie eine lange irisierende Schlange aussehen, die von meinen Gedanken zu Deinen reist, und ich stelle mir oft vor, dass ich Dir einen kleinen Mond schicke, schön klein gehackt wie frisches Gras. Ich sende Dir Sterne, die so funkeln wie das Feuer leuchtender Verse, damit Du bei Nacht Deine Landebasis wiederfindest. Ich schicke Dir hohe Lichtsäulen, so groß wie meine Hoffnung, Dich wiederzusehen, so üppig wie die Urwälder Brasiliens, um Dich einzuhüllen, Dich unsichtbar für die Messerschmidt-Maschinen zu machen, die Dich rösten wollen. Ah, schon wieder spreche ich von diesem scheußlichen Krieg. Gab es nicht am Beginn der Schöpfung eine Macht, die ihn für immer hätte vernichten können, Papou? Soll das Leben wirklich ein ewiger Kampf sein? Schon immer wollte ich, dass Du mein Herz schlagen hörst und mir das erklärst, denn der liebe Gott hätte uns schon ein wenig besser über unsere Mysterien aufklären können … Unsere Religion verbietet uns, zu weit zu gehen, uns zu viele Fragen über unsere kümmerliche Existenz zu stellen, unser armes vergängliches Fleisch, das voller Löcher ist, die man Tag und Nacht stopfen muss, damit alles weiter gut funktioniert … Bringe ich Dich zum Lachen, wenn ich philosophisch werde? Ich lasse mich gehen beim Reden und plätschere dahin wie ein kleiner Fluss, der in alle Zukunft ohne Unterlass auf das Meer zuströmt, und das Meer, das bist Du.

13

2, Beekman Place, New York 1943
Achtung, Liebster,
ich habe eine neue Adresse

Mein Tonio, mein Liebster, ich sitze in Deinem kleinen Salon in Bevin House[34], und der *Kleine Prinz*
liegt auf dem Tisch, auf dem er geboren wurde. Ich
bin allein mit Annibal und meiner alten »Nurse«
Antoinette. Ich behalte sie, weil sie mit mir über Deine Abreise geweint hat. Jeden Monat denke ich, dass
ich mich von ihr trennen müsste, um zu sparen, aber
sie ist immer noch da. Irgendwie werde ich nie Geld
auf der Bank haben. Ich bin nicht stolz darauf, Dir
das zu gestehen, aber ich hänge so wenig an mate-
riellen Dingen, ja an der Welt selbst! Wenn Du nicht
wärest, wüsste ich nicht, wie ich den nächsten
Schritt tun sollte. Mein Geliebter, wann kommst Du
zurück? Dir zu schreiben gelingt mir nicht gut; bei
jedem Wort nehme ich wegen meiner Tränen die
Brille ab, aber hier, in Deinem Arbeitszimmer vom
letzten Jahr, spüre ich Dich näher bei mir. Im Haus
ist alles gleich geblieben: der kleine Baum mit den
roten Kugeln über dem Kamin, die große Lampe im
Salon, und Annibal, der größer und stärker denn je
ist, schläft ... Ich tröste mich, so gut ich kann, und
ich bete oft für uns beide. Du, Liebster, bitte doch
Deine Freunde, die Sterne, uns zu beschützen und
wieder zusammenzubringen.

Du hast mich tausend gute Dinge gelehrt, darunter, dass man stark und hart gegen sich selbst sein

muss. Oft glaube ich, den Verstand zu verlieren, und Du weißt genau warum, nämlich weil ich Dich in ständiger Gefahr weiß. Im Zug, der mich nach Bevin House bringt, schluchze ich oft wie ein junges Mädchen, das eben seinen Verlobten, der in den Krieg zieht, verlassen hat. Rougemont – wie gewohnt kommt er an seinem freien Tag – hat mir nach bestem Vermögen geholfen, er hat mir hundert Dollar gegeben, um die Miete zu bezahlen, aber das hat die Telefonkosten nicht gedeckt, und außerdem sind die Taxis sehr teuer. Die Gäste finden, dass das Haus zu weit außerhalb liegt. Im ersten Monat war ich glücklich über diese Entfernung, aber Rouchaud hat mir geraten, anderswohin zu ziehen und mich mit ein wenig Jugend zu umgeben. Manchmal beunruhige ich all meine Freunde mit meinem Schweigen, aber es ist der einzige Faden, der mich mit Dir verbindet. Ich schreibe Dir viel, aber sobald die Briefe im Umschlag stecken, zerreiße ich sie, weil sie nicht alles sagen können, was ich Dir geben will. Du weißt es schon, mein Gatte, und ich würde Dich langweilen, wenn ich Dir davon erzählte ...

Mein Tonnio, ich möchte nicht, dass Sie traurig sind, ich möchte nicht, dass Sie einsam sind wie ein Schmetterling, der keine Blume hat, auf der er sich niederlassen kann, mein Liebster, weil Du mir die Macht gibst, in Deinem Herzen, in Deinem Körper zu herrschen, nimm meinen ganzen Duft, meine ganze Seele und mach daraus eine Brise, die Dein Gesicht erfrischt und die Hände liebkost, die ich so sehr liebe!

Liebster, auch ich werde artig in der Ewigkeit auf

Dich warten, wenn ich als Erste gehe, aber Gott ist gut, und er will uns zusammen sehen, weil ich ihn so sehr um Frieden und Liebe für unser Haus gebeten habe.

Das Haus von Tonnio und Consuelo, unser Haus, so bescheiden wie nur möglich, unter einem Baum mit meinem Mann und meinem Hund, und ich werde jeden Abend und jeden Tag Danklieder singen, ich werde nett zu den Passanten sein, und Du wirst den Sternen Gedichte von Gerechtigkeit und Licht für die angstvollen und unruhigen Völker entreißen. Und ich werde Vögel fliegen lassen, süße Früchte für Dich zubereiten und Dir im Schlaf die Hände reichen, um nicht von Dir getrennt zu sein. Komm zurück, meine Liebe!

Ich weiß nicht, ob meine Briefe Dich erreichen. Von Dir habe ich nur drei erhalten. Ich hatte Dich gefragt, ob Du in Betracht ziehen könntest, dass ich nach Afrika komme, aber unter der einen Bedingung, dass ich bei Dir sein kann. Wenn ich dort allein bleiben müsste … nein!

Seit meiner Kopfverletzung bin ich sehr schwach; mir wird schwindlig, wenn ich mich umdrehe. Ich gewöhne mich nur schwer an neue Gesichter, ich bin ängstlich, zweifellos, weil Du nicht da bist.

Ich liebe Deine Briefe, sie lassen mich ins Beste meiner selbst eintreten, in das Göttlichste, das der Himmel mir zu kosten erlaubt hat. Ich bin Dir dankbar dafür. Du wirst zurückkehren, mein Krieger und Ehemann, Du wirst zu mir zurückkommen, zum Leben, zu den Freunden, um ein schönes Buch zu schreiben, das Du mir zum Geburtstag schenken wirst, zu den unendlich vielen Geburtstagen, die wir noch auf diesem Planeten erleben werden. In Deinem Brief habe ich den Ton, die Stimmung, den Duft unserer ersten Freuden, unseres ersten Zusammenseins, unserer ersten Zuneigung und vor allem die vollständige Liebe gefunden, die Du mir in unseren ersten Ehejahren so freigebig geschenkt hast. Danke, mein Gatte, komm zurück und gib sie mir, und wenn der Himmel mir hilft, werde ich sie zu bewahren wissen. Komm zurück, Liebster!

Ich schließe, denn ich fühle mich nicht wohl. Die Überbringer der Briefe haben es immer eilig, und ich mag Dir keine alten Briefe schicken, die ich während meiner Witwennächte geschrieben habe und in denen ich mein einziges Lied singe, mein einziges Liebeslied für Dich. Bis Du zurückkehrst, schicke ich Dir einen ganz langen Kuss. Deine Frau Consuelo.

14

2, Beekman Place, Weihnachten 1943

Mein innig geliebter Mann, mein Liebster, ich bekomme keine Antwort auf die Briefe, die ich Ihnen schicke. Ich habe sogar die unwahrscheinlichsten Schliche ausprobiert, zu denen mir das Büro des Generalstabs rät, damit sie Dich erreichen. Aber bekommst Du sie wirklich?

Ich bin untröstlich, in Ihrem letzten Brief zu lesen,

dass Sie weder Ihr Weihnachtsgeschenk erhalten haben noch irgendeinen meiner Briefe, der Sie ermutigt, Ihnen das Herz erwärmt hätte, keine Nachricht von mir, in der ich Ihnen erzähle, wie unser Weihnachtsbaum in New York aussah, in Ihrem Haus, bei Ihrer Frau, oder um welche Zeit ich ihn angezündet habe; von dem Stück Kuchen, das ich für uns beide gegessen habe, oder dem Glas Champagner, das ich getrunken und dabei mit dem Ihren angestoßen habe, das leer auf Ihrem Platz stand. Nur drei Freunde waren bei mir, immer dieselben: Denis, Blaise und Donald.[35]

Die beiden Letzteren haben mir einen Teil der Nacht Gesellschaft geleistet. Denis hatte eine große Einladung in der Welt, und dieses Mal musste die Herzensfreundschaft zurückstehen. Dennoch vertraue ich ihm; eines Tages wird er erkennen, dass das, was der Kleine Prinz uns erzählt, wahrer als die Wirklichkeit ist, dass die Diamantarmbänder am Handgelenk der schönen Frauen dennoch nicht ihr Herz erleuchten …

Aber Sie sehen, mein Liebster, durch Ihren Einfluss bin ich verständnisvoll und unendlich gut geworden, und ich verzeihe ihm, dass er sich zu einer prunkvollen Messe in die amerikanische Kathedrale begeben hat, statt mir in diesen Abendstunden der Angst und des Wartens mit seiner Gegenwart zur Seite zu stehen, mir zu helfen, zum Himmel zu beten, dass er Sie noch einige Zeit unter uns weilen lässt, damit Sie mir auf den Wegen, die die Frauen allein nicht beschreiten können, die Hand halten …

Ich habe nicht aufgehört, Denis zu unterstützen,

der immer noch in der wunderbaren Wohnung lebt, die ich durch die Gnade des Himmels für ihn gefunden habe, aber die Terrasse mit Blick auf den Fluss, dieses schöne Heim, das er seiner Gefährtin geschenkt hat, haben nicht, wie ich das gehofft hatte, von neuem Harmonie in das Herz seiner Ehe einkehren lassen. Ich beginne zu begreifen, dass unter den Menschen diejenigen, die klar sehen, verantwortlich für die Blinden sein müssen. Sie selbst ahnen ja nicht, Sie können sich nicht vorstellen, was ich trotz all meiner Fehler für Sie war: die Wurzel, das Band, das, was ein Strand für das Meer ist, ein Wort in einem Gebet, welches das Wunder vollbringt, die Ernte, die man allein dank der Beständigkeit eines treuen Bauers eingebracht hat. Das also, was jeder Mann rechtmäßig aus den Händen seiner Mutter, seiner Frau empfängt, von der, die er unter allen Frauen erwählt hat, damit sie auf ewig seinen Namen trage.

Mein Gatte, danke, dass Sie zu mir zurückgekehrt sind, dass Sie mir ganz einfach diesen Satz gesagt haben, den ich nie vergessen werde: »Danke, dass Sie sich an mich geklammert haben wie eine kleine, ganz eigensinnige Krabbe.«

Sie zu verlieren, daran würde ich sterben.

Aber schauen Sie, wir brauchen uns nicht beieinander zu bedanken. Wir haben einfach unsere Pflicht getan. Sie haben schönes Saatgut ausgebracht. Zu jeder Jahreszeit, so wie heute, wissen Sie, dass Ihr Feld geschützt ist, und dass Sie sich bei Ihrer Rückkehr darauf ausruhen können. Ich habe schon die Dürre dieser drei langen Jahre der Trennung vergessen, die Ferien, die mein Mann sich genommen hatte, und Dank sei Peter, Paul und allen Heiligen …

Im Moment bleibt mir nur noch, meine eigenen Irrtümer zu bedauern. Denis ist der größte davon, und deswegen will ich ganz offen zu Ihnen sprechen. Verzeihen Sie mir, wenn ich an diesem Tag nach Weihnachten auf diese Weise in meinem Herzen krame: Damals hatte ich das Gefühl, dass Sie mich vollständig verstoßen hatten. Ich habe seinen Heiratsantrag angenommen, aber ich wusste genau, dass meine Verlobung mit ihm nur dazu diente, mir Ihre Abwesenheit leichter zu machen. Ihnen ist nicht entgangen, welche Mühe ich mir gegeben habe, Denis über die Fehler seiner Gefährtin hinwegzutrösten, die so unbedingt die Scheidung wünschte. Und ich habe mich aus dem einzigen Grund darauf eingelassen, dass ich diese Trennung für ihn bewerkstelligen musste, um seine Frau zufrieden zu stellen. Und – auch das muss ich zugeben – um nicht allein zu bleiben, ein verlassenes Waisenkind, und bis zu meiner letzten Stunde kein zärtliches Wort mehr zu hören.

Und dann haben Sie mir geschrieben. Ich muss sagen, genau in dem Augenblick, da Denis sich für mich entschied, sind Sie zu meinem Herzen gekommen und haben es angefleht, weiter für immer Ihnen anzugehören.

Während ich Ihnen diesen Brief schreibe, weine ich. Ich frage mich, ob es Ihnen unangenehm sein wird, dass ich diese schmerzlichen Momente erwähne, die bereits aus unserem Leben gelöscht sind. Sie wissen, dass Denis ein »anständiger Kerl« ist, wie Sie mir in Ihrem Brief schreiben, und dass er sein Bestes tut, um seiner Frau und seinen Kindern in New York ein glückliches Leben zu bereiten, während alle auf die heiß ersehnte Rückkehr des Friedens in der Alten Welt warten.

Zu den Mahlzeiten und an langen Winterabenden sucht er Zuflucht bei mir, und wir zittern um die Zukunft der Menschheit.

Ich trauere dem schönen Haus gegenüber nach, aber ich glaube, Sie würden diese Wohnung, in der ich jetzt lebe, mögen. Ich habe sie ganz blau streichen lassen, die Decken und die Wände, und besonders Ihr Zimmer ist sehr angenehm. Vielleicht ist die Decke ein wenig zu dunkel geworden, in einem Mittelmeerblau. Vom Bett aus gesehen könnte man glauben, dass man sich im Wasser befindet, und an die Wände habe ich die hübschesten Bilder gehängt, die ich in den letzten Monaten gemalt habe.

Ein Gemälde habe ich dem Ehepaar K.W. geschenkt, das weiter seinen Verlag aufbaut und dem es sehr gut geht. Sie haben ein sehr hübsches Kind, das sie Christian genannt haben, und manchmal ertappe ich mich dabei, dass ich neidisch bin, keinen Kleinen Prinzen mit einem zarten Körperchen zu haben, der Mama zu mir sagt ...

2, Beekman Place, Winter 1943

Ich vergesse nicht, das Gebet zu sprechen, das » Consuelo jeden Abend sagen muss« und das Sie extra
für mich geschrieben haben[36]:

»Herr, ich will Dich nicht lange stören. Mach mich
einfach so, wie ich bin. In kleinen Dingen wirke ich
eitel, aber bei den großen bin ich bescheiden. Ich
sehe aus, als wäre ich in Kleinigkeiten egoistisch,
aber wenn es um Großes geht, kann ich alles geben,
sogar mein Leben. Oft scheine ich in Kleinigkeiten
unrein, aber glücklich bin ich nur in der Reinheit.

Herr, mach, dass ich immer der Frau gleiche, die
mein Mann in mir erkennt.

Herr, Herr, rette meinen Mann, weil er mich wirklich liebt, und weil ich ohne ihn verwaist wäre. Aber
gib, Herr, dass er als Erster von uns beiden stirbt.
Denn er sieht zwar ganz gefestigt aus, aber er ängstigt
sich zu sehr, wenn er mich nicht mehr im Haus lär-
men hört. Herr, erspare ihm vor allem die Angst. Gib,
dass ich immer Krach in seinem Haus mache, auch
wenn ich dafür ab und zu etwas zerschlagen muss.

Hilf mir, treu zu sein und die Menschen nicht zu
beachten, die er verachtet oder die ihn hassen. Das
bringt ihm Unglück, weil er sein Leben auf mich
gebaut hat.

Herr, schütze unser Haus.
Deine Consuelo.
Amen. «

2, Beekman Place, 1944

Tonio, mein Kind, Tonio, mein Gatte, Tonio, der Du
mir das Größte im Leben bist, Tonio, mein Liebster,
Tonio, mein Grund zu leben, Tonio, mein Land und
das einzige Wasser, das ich trinken werde, um diese heilige Erde zu gießen, die uns der Glaube und
das Evangelium verheißen.

Tornados, Erdbeben, das Vorbeiziehen von Kome-
ten, Epidemien des Glücks oder Unglücks erschüt-
tern mich nicht so sehr, wie Briefe zu erhalten, die
Du mit Deinem Fleisch, der Frische Deines Geistes
und Deines Herzens nach der Rückkehr von Deinem Schlachtfeld geschrieben hast.

Ich habe einen Brief von Dir an mich bekommen,
mein Liebster. Einen Brief an eine Geliebte, und die
Frau, die Geliebte, bin ich. Welch ein herrlicher Kris-
tall, transparent wie das Wasser oder wie das ange-
kündigte Weltende, wie die Rezitation eines Gebets,
wenn man auf ein Wunder harrt oder sich bereits
in die Hände Gottes gegeben hat.

Hier in Amerika, wo es keinen Garten gibt, in dem
man seinen Thymian, seinen Lorbeer pflücken und
seine Herbstblätter sammeln kann, um seine Küche
zu beleben und sich eine gute Suppe zu kochen, hier
in Amerika, wo alles aus Marmor, aus Spiegeln und
Schmiedeeisen besteht, hier, wo ich allein lebe, während Du Krieg führst, diesen Krieg, der ungerecht
ist, weil er Menschen tötet, die nichts Böses getan
haben ... Hier in Amerika, wo ich meine alten

Freunde nicht besuchen kann, die mit einem einzigen geistreichen Wort die Falten auf meiner Stirn glätten und mein Herz trösten können, hier weiß ich ohne Dich nichts anzufangen.

Oh mein Gatte, ich wünschte, alle Glocken würden läuten[37], alle Knospen aufbrechen, wenn ich einen Brief von Ihnen erhalte, eine Botschaft an mein kleines Herz einer Ehefrau, die wie alle anderen Ehefrauen hinter der Tür auf die Rückkehr ihres Mannes wartet, der den Krieg und die Hölle besiegt hat und kommt, um die zu trösten, die auf ihn wartet …

Sehen Sie, heute habe ich mit meinem kleinen schwarzen Hausmädchen gesprochen. Ich fühlte mich sehr gut und hatte Mitleid mit ihrer Lage, ihrer nachtschwarzen Farbe, über die sie sich beklagte. Ich wollte sie von innen heraus erleuchten, mit ihr die Worte der Liebe teilen, die Sie mir in Ihrem Brief schenken, und ich habe Marie eine ganz banale Frage gestellt.

»Warum heißen eigentlich alle jungen Frauen aus Harlem Marie?«

»Weil wir uns lieben wie Schwestern«, hat sie mir geantwortet, »und wenn eine von uns zu einer weißen Herrin geht, dann ist das, als wären alle anderen auch dort. Trotz unseres guten Willens bei der Arbeit ist es nicht leicht, Ma'am, die weißen Frauen vergessen zu machen, dass wir schwarz sind. Wir bleiben schwarz, und wir wünschten uns so sehr, man würde das nicht sehen …«

»Wenn Sie lächeln, Marie, dann sehe ich nicht, dass Sie schwarz sind. Sie sind auch keine Weiße,

Sie sind etwas noch Besseres. Das ist, als zünde man das Licht in einem dunklen Zimmer an. So, als habe man sich verirrt, und plötzlich erleuchten Ihre Lieder den Raum.«

Dann habe ich ihr Ihren Brief vorgelesen, und sie hat bis spät in die Nacht gelacht, geweint und gesungen, damit Du mir noch lange Zeit lange Briefe schreiben kannst, die mich gut schlafen lassen. Das sind ihre Worte, die ich Dir exakt wiedergebe.

Für heute Abend schließe ich, weil ich nicht mehr klar von meinem Fenster zu Deinem sehen kann, das vielleicht das Deines Flugzeugs ist. Da sind diese Kriegsfahnen, die uns ständig bedrohen. Ich habe eine Kerze angezündet, um noch einige Sätze zu schreiben. Wir haben Luftalarm, und ich muss in meinen Schutzraum hinabsteigen. Auf morgen, auf immer.

17

2, Beekman Place, Winter 1943/44

Heute ist den ganzen Tag lang Sonntag, und ich bin nicht einmal wie üblich in die Messe gegangen, um für unsere Zukunft zu beten, für Deine Schritte eines Abwesenden, für Deine großen Männerschritte auf diesem langen Weg des Fernseins, der sich durch mein Leben zieht. Aber ich werde in diesen »Sonntagsbriefen« mit Dir beten, deren Inhalt Du sicherlich kennst, noch bevor ich sie zu Ende geschrieben habe. Du kennst sie, weil ich ein kleines Stück von Dir bin, weil ich Deine einzige Blume bin.

Ich bin besorgt, und ich schäme mich, dass ich so betrübt bin, weil ich der Hoffnung nicht genug Raum lasse. Oft lache ich auch, wenn ich Deine Zeichnung der Rose im *Kleinen Prinzen* betrachte. Sie wenigstens ist stolz auf ihre vier Dornen und weiß genau, dass ihre Krallen das Herz eines Tigers besser zerreißen können als das Schwert eines Eroberers.

Ich hingegen schäme mich, weil ich mir einen Finger der rechten Hand gebrochen habe. Du hättest gut daran getan, mich unter einen Glassturz zu stellen. Der Winter ist kalt ohne Nachricht von Dir.

Wieder und wieder habe ich Deine Briefe gelesen. Und damit der Kleine Prinz Dir eine seiner Botschaften bringt – einen meiner Sonntagsbriefe –, kopiere ich mit einem Fotoapparat eine Zeile aus Deinen Briefen, in der Du mir von ihm erzählst. Ich hoffe, dass er sie nicht unterwegs verliert, dass er sie Dir in die Hände legt, in Deine Hände eines Mannes, der darum kämpft, zu mir zurückzukommen, der gegen aufgepeitschte Meere kämpft, um die Frau, die verlassen am Strand zurückgeblieben ist, in Liebe zu umarmen.

Mein ganzes Wesen ist wie einer dieser Strände, die seit Deinem Aufbruch in den Krieg verlassen daliegen. So, mein Tonio, mein lieber Gatte meines Fleisches, meiner aufgelösten Haare, meiner Dornen, vergiss nicht Deine verlassene Strandfrau, die auf die Rückkehr Ihres Ozeangatten wartet. Ich bin allen Stürmen, allem Unglück ausgeliefert. Deine Gedanken hüllen mich ein, und in meinen Träumen tanze ich mit Dir, damit es wieder Morgen wird. Ich zittere, mein Mann, mein Liebster; vielleicht bin ich müde. Das kommt davon, dass eine Jahreszeit nach der anderen vergeht, ohne dass ich Dich in meine Arme schließe, aber ich bewahre meine Hoffnung für Dich und für die ganze Ernte der Liebe, die Du mir bringen wirst. Eifersüchtig hüte ich meine Hoffnung wie ein junges Mädchen eine Zauberkette hüten würde, die es Tag und Nacht beschützt. Dieses Gefühl der Hoffnung kenne ich gut, ich habe es allein ausgekostet, wie ein großes Mädchen, als ich auf Dich wartete, während Deiner Wüstenfahrten am Rio de Oro, in Lévi, und ebenso während der großen Reisen, die Du angetreten hast, wenn Du aus der Wohnung an der Place Vauban weggingst.[38] Aber Du bist zu mir zurückgekehrt, und dank der Hoffnung wirst Du immer wiederkommen, mein Stern von Gott. Und auch dank meines Glaubens wirst Du wiederkehren, Du wirst noch tausende Male zu mir zurückkehren, wie die Meereswogen von neuem die einsamen und leeren Strände überspülen, die voller Gewissheit ihres guten Ozeans harren.

Auch dank der Macht Deiner Gedanken wirst Du zu mir zurückkehren, dank Deines Muts, Deiner Arbeit, die langsam beginnt, bei den jungen Leuten Früchte zu tragen. Mein großer Mann von einem Gatten, der Du ganz Ozean bist, hab Mitleid mit mir, Deiner Rosenfrau, Deiner Kolibrifrau, Deiner Urwaldäffchen-Frau. Mein Ozean, kehr zurück, um mich zu baden, komm wieder, um mich zu kleiden, um mich zu segnen und mich zu verbergen.

Ich bin umgezogen; wir haben keine großen Bäume mehr wie auf Long Island. Deinen Hund Annibal musste ich zu Freunden aufs Land schicken. Ich habe ihm erklärt, es sei notwendig, dass er Ferien mache, während Du fort bist. Auch er ist nicht glücklich darüber.

Ich bewohne ein einziges Zimmer, einen großen Raum in Grün und Gold. Wenn Du zurück bist, werde ich Kerzen zu unseren Abendessen anzünden. Ich habe mir kleine Zöpfe geflochten, die ich ganz fest gezogen habe, damit sie Dich nachts im Schlaf nicht stechen, wenn Du zurück bist.

Ich habe Dein großes Kristallglas ganz dicht an mein Kopfende gestellt, damit ich Dir morgens Deinen dampfenden Milchkaffee zu trinken geben kann.

Auf meinem Nachttisch steht auch der ausgestopfte blaue Vogel. Beim Umzug ist ihm ein Flügel gebrochen. Verzeih mir, ich habe nicht gut auf ihn Acht gegeben. Aber seine Augen und sein Schnabel sind heil. Er sieht mich lange an und verlangt Rechenschaft von mir über Deine Abwesenheit. Während der Woche habe ich geschrieben, um meine Hoffnung zu nähren, um meine Wartezeit auszufüllen. Ich habe eine kleine Geschichte verfasst, »Le chevalier de la pierre« [Der Ritter des Steines], die ich Dir zu lesen gebe, wenn Du zurück bist. Auch gemalt habe ich, weil ich immer darauf warte, Deine Schritte zu hören, die sich meiner Tür nähern. Bleib nicht zu lange aus, mein Gatte, sonst werde ich eine kleine alte Frau.

Kürzlich habe ich zu unserem Freund A. R.[39] gesagt: »Tonio ist zurück, Tonio ist zu Hause, kommen Sie ihn besuchen.« Er hat alles stehen und liegen lassen, um zu mir zu kommen. Da habe ich ihm ein Foto von einem Porträt von Dir gezeigt, das ich einmal gemalt habe. Ich schicke Dir das Foto in diesem Brief ebenfalls. Mein kleiner Gatte, tu Dir nicht weh in Deinem Flugzeug, erkälte Dich nicht; bist Du wenigstens nicht krank? Oder in Kriegsgefangenschaft? Komm zurück. Bald ist Weihnachten, dann machen wir ein Holzfeuer. Wenn Du nach Hause kommst, mache ich Dir ein Papstkostüm in allen Farben, wie das des Kleinen Prinzen, und das wirst Du tragen, wenn Du um Mitternacht meine Geschenke vom Baum pflückst, denn es sollen viele sein, meine Hände sind leer.

Wenn Du nicht kommst, werde ich Dich suchen gehen. Vielleicht hast Du schon das Haus des Kleinen Prinzen gefunden, oder hast Du Dich von anderen Rosen bezaubern lassen? Wenn ich davon erfahren, werde ich losrennen wie eine Verrückte, auch wenn Du mir einmal sagtest, wenn eine Rose wirklich schön sein wolle, müsse sie brav sein und ordentliche Handschuhe tragen.[40] Aber um Dich zu suchen, werde ich nicht brav sein, ich werde eine Rose sein, die losläuft und dabei ihren Kopf verliert!

Ach, mein weißer Ritter, ich warte auf Dich, ich werde immer auf Dich warten. Um nichts in der Welt werde ich Dich hergeben, nicht einmal für einen Stern. Ich möchte die Hoffnung ungeteilt bewahren, dass ich, bevor ich sterbe, noch einmal in Frieden an Deiner Männerbrust einschlummere. Ich möchte mich bei Dir, mit Dir, auf die große Reise vorbereiten. Ich schließe Dich fest in meine Arme und rufe Dich mit aller Macht. Rasch, gib mir ein Zeichen.

18

2, Beekman Place, Winter 1944

Mein Gatte, mein Adler, der Sie um der Liebe der Menschen willen durch die Lüfte fliegen, dieser Menschen, denen wir auf ewig durch unsere Geburt und durch die Schöpfung verbunden sind. Ja, mein Mann, mehr denn je begrüße ich, dass Du Dich so selbstlos dafür einsetzt, den Schwachen zur Hilfe zu kommen, den verfolgten Juden, für das Recht, einfach ein Mensch zu sein. Für die Menschenrechte. Ich applaudiere Ihnen mit meinen Händen, dem Schlagen meiner Wimpern und in meinen Gebeten, trotz meiner Tränen, weil Ihr Krieg mich zu Ihrer Witwe macht. Ach, ich habe ein Wort gebraucht, das mich traurig macht. Der Himmel wird mir dieses Los ersparen. Ich war schon früher Witwe, aber nicht für lange. Um die Wahrheit zu sagen, für die Dauer einer Sturmnacht während Ihrer Nachtflüge. Sie sollten dennoch wissen, mein Geliebter, dass die Minuten für mich Jahrhunderte waren, besonders wenn Sie eine Zwischenlandung ausließen, Cisneros oder Port-Etienne in Rio de Oro, Saint-Julien oder Rivadavia in Südamerika, weil das schlechte Wetter Sie zum Weiterfliegen zwang.

Ich schaue Ihren Arbeitstisch an, und es liegen kein Kompass, kein Höhenmesser, kein Magnetkompass, keine Sternkarten mehr darauf, und so kann ich diesen neuen Nachtflug, den Sie unternommen haben, nicht verfolgen. Sind Sie in Neufundland, in Russland oder vielleicht am geliebten Himmel über unserer teuren Ile-de-France? Ach, ich folge Ihnen in kleinen Schritten, ergeben und einsam steige ich meinen Kalvarienberg hinauf. Kürzlich sagte die Besitzerin eines Restaurants im Village zu mir: »Ich habe Sie von hinten gesehen, und ich dachte, eine kleine alte Frau geht vorüber. Ihr Rücken ist gebeugt, und ich hatte Lust, Ihnen zu helfen ... Mir geht es wie Ihnen«, setzte sie hinzu, »mein Mann ist irgendwo gefangen.« Und sie legte eine Platte auf, um durch die Lautstärke zu verbergen, dass ihre Stimme erstickt klang und rau vom Weinen geworden war. Gäste kamen herein, und sie musste sie empfangen und ihnen Essen servieren, und sie hat wie ich ihre Pflicht als Bürgerin getan, mit Lippenrot und ein wenig Puder, und sie hat Gelassenheit zur Schau gestellt.

Die Platte, die sie aufgelegt hatte, war eine Melodie aus Kurt Weills *Dreigroschenoper*, und Du kennst den Refrain gut, nicht wahr? »Komm zurück, mein Liebster, ich kann diese Komödie nicht mehr lange spielen. Und trag auch Du mich weit von der Stadt fort, fort von dieser Welt, in der so viel gelitten wird.«[41]

19

2, Beekman Place, Winter 1944

Mein kleiner Tonnio, mein Prinz.

Ich schreibe Ihnen auf der Maschine, dieser kleinen Maschine, die Sie mir liebenswerterweise für unsere Wohnungen am Columbus Circle[42] geschenkt haben. Das ist schon so weit weg. Ich trage all Ihre freundlichen Gesten aus dieser Zeit zusammen und sage mir leise: »Mein Mann ist sehr gut zu mir gewesen. Nicht immer ein richtiger Ehemann, sicher, und ich habe oft Alpträume ausgestanden, ganz allein in so vielen Betten auf der ganzen Welt, dass ich noch schaudere, wenn ich sie zählen will. Aber die Alpträume sind endgültig vorüber. Sie versichern mir, dass unser Heim für den Rest meiner Tage von Ihrer Anwesenheit erfüllt ist, von Deinem Herzen und Deiner Freude, die uns das Leben bis zum letzten Moment erleichtern wird.« Dieses Glück ist mein großer Traum. Wenn Gott ihn mir erfüllt, werde ich ihm mit solchen Geschenken der Hoffnung danken, dass er mit Gebeten überhäuft wird. Sie sind mein Uhrturm der Hoffnung, nie wieder werde ich die kalten Stunden fürchten, weil ich die Wärme Ihrer Liebe besitze. Ich möchte so gern die perfekte Ausgabe einer Gefährtin sein, die Ehefrau Ihrer sternenübersäten Träume. Papou, der größte, der einzige unverbesserliche unter meinen zahlreichen Fehlern, ist der, Sie zu lieben. Sie sind der Baum, der mich auf meinem Weg über die Erde angehalten hat, und seitdem habe ich dank

Ihnen begonnen, nachzudenken, Sie zu betrachten, zu häufig, mit der Unmäßigkeit meines Volkes aus dem Land der Vulkane, dieser Vulkane, die so oft drohen. Gott hat ihnen die Gnade gewährt, ihren Spiegel zu kennen, ihren Stern, ihre Zukunft, ihre Liebe. Als Du mir in Buenos Aires im Taxi die große Geschichte der Menschen erzählt hast, habe ich die ganze Zeit an Deine Augen gedacht, die in meine sahen, und ich sagte mir, wie viele erstaunliche und unvermutete Dinge Deine großen Augen enthielten. Und ich wollte noch mehr hören, jeden Tag, weil ich mich intelligent genug fühlte, Dich zu verstehen, und so bin ich nach und nach gewachsen, wie Du es wolltest, um so viel, wie Du mir geben wolltest. Ich finde mich sehr dumm, ein wenig zu romantisch, und die Schreibmaschine ist zu kalt, um von Herzensdingen zu sprechen ...

Heute schicke ich Dir zwei Briefe, und wenn sie Dich in bunte Seide kleiden und Du schön anzusehen bist wie ein Page, ein Prinz, ein Ritter von einst, dann überschütte ich Dich mit solchen kleinen, auf der Maschine getippten Briefen. Sie werden Dich schon eines Tages erreichen. Ich hege große Träume von unserem Wiedersehen. Möge der Himmel Dich eines Tages zu mir zurückkehren lassen. Ich warte, ich warte, ich warte auf Dich. Mein Vogel mit der einzigen Feder, und wenn ich Deine goldene Feder wäre? Die würde niemals abfallen und Dein ganzes Leben an Deinem Flügel haften!

Zu Weihnachten habe ich Dir lange Briefe geschrieben. Auch zum Neuen Jahr habe ich Dir geschrieben. Vielleicht hast Du diese Briefe schon bekommen? Am Weihnachtstag war ich ziemlich krank und allein in meiner Wohnung, mit Fieber, einer Bronchitis, Asthma und ohne Arzt – weil ich beschlossen habe, diese enormen Summen, die sie verlangen, nicht mehr zu bezahlen – und ohne Freunde, die mich hätten pflegen können. Stell Dir vor, Doktor Gourvitch hat mich, zusätzlich zu dem, was Du ihm gezahlt hast, auf 475 Dollar verklagt, Doktor Masson hat ebenfalls hundert Dollar eingeklagt, und Doktor Zavritski weitere hundert … Diese Sorge bin ich los, dank deines Verlegers Hitchcock, der wusste, dass ich seit mehreren Wochen zu Bett liege, und mir Doktor Becker geschickt hat. Sie sind sehr freundlich, Deine Herausgeber. Ich glaube, dass Hitchcock Freundschaft für Dich empfindet. Über Reynolds weiß ich nichts. Ich bewege mich nicht außerhalb des kleinen Freundeskreises, den ich kenne.

Wenn Du zurück bist, gehen wir die Vögel suchen, die die Freunde der Vulkane sind, und Pferde und brave kleine Bauern, die uns Blumen schenken werden, wie man sie jungen Verliebten gibt.

Meine Malerei kommt sehr langsam voran. Ich hatte eine schlimme Krise und bin an der Technik und den Konturen verzweifelt. Sobald ich ein wenig kräftiger bin – denn durch die Grippe bin ich noch ganz geschwächt –, werde ich an meine Schule zurückkehren und zeichnen, zeichnen, zeichnen, um keine Monster auf meine Bilder zu malen. Ich werde mich gut vor dem Einfluss meiner lieben Freunde hüten …

Rouchaud besucht mich zweimal in der Woche

zum Essen. Er ist der erste völlig uneigennützige Mensch, den ich getroffen habe, er ist sehr tapfer und sehr loyal. Er bewundert Dich und hegt absolutes Vertrauen in Dein Werk. Inmitten dieses Zerfalls der Menschheit tut es mir gut, das zu hören.

Am Sonntag bin ich ins Theater gegangen, um ein Stück von Wilder anzusehen, das *Our Town* [Unsere kleine Stadt] heißt. Keine Kulissen, eine graue Bühne, die ein kleines Dorf darstellt und erzählt, wie die Routine des Lebens uns alle lehrt, brave kleine Kadaver zu werden. Es tut mir Leid, Dir diese ziemlich traurige und ziemlich graue Geschichte zu berichten. Diese Inszenierung ohne Bühnenbild hat Eindruck beim amerikanischen Publikum gemacht und war ein sehr großer Erfolg. Ich dagegen habe mir gelobt, bald in den Zirkus zu gehen, um einmal ordentlich zu lachen. Ich werde mit Sonia gehen, und wir werden an Dich denken. Seit wir alle drei zusammen dort waren, bin ich nicht wieder hingegangen. Mein kleiner Ehemann, ich drehe mich um Dich wie ein kleines Holzpferd um die Achse des Karussells. Denk an mich, liebe mich, sei meine starke Achse, damit, wenn ich mich drehe, eine Musik dabei herauskommt, die Ihnen gefällt, die in den Holzfeuern singt, wenn die Enten über der Glut brutzeln, die, die Annibal beim Schnarchen erzeugt, die klagende Musik Consuelos, wenn sie gegen die Zeit aufbegehrt und gegen die Blumen, die sie an ein Beerdigungsinstitut erinnern.

Ich schließe, mein Liebster, bis bald, mein Geliebter. Ich hoffe, dass dieser Krieg eines Tages zu Ende geht und Du für mich auf dem Klavier spielen wirst.

Ich schicke Orangen mit der normalen Post; man hat mir versichert, man könne Briefe und Pakete per Schiff schicken. Dieses Mal werde ich das probieren, und ich habe Ihnen auch durch einen Kameraden zwei Thermosflaschen geschickt, die gut sind, um Kaffee darin warm zu halten. Vielleicht erreichen sie Sie ja …

Ein großer Trost in meiner Einsamkeit ist mir jedoch Ihr erster großer Brief, in dem Sie mir so zärtlich sagten, wie sehr Sie bedauerten, mir den *Kleinen Prinzen* nicht gewidmet zu haben. Ich weine vor Rührung, ich habe solche Angst, aus Deinem Herzen verbannt zu werden. Ich schließe Sie ganz fest in meine Arme. Liebster, lassen Sie nicht zu, dass ich noch lange fern von Ihnen bleiben muss.

20

2, *Beekman Place, Winter 1944*

Mein schöner Kapitän, ich kehre aus Richfield[43] zurück. Roberto, Victorias Mann, hat uns in seinem Ford dorthin gefahren, den er sehr günstig gekauft hat und der himmlisch läuft. Seit Lorettes Geburt ist Victoria hübscher denn je, und wir haben ein sehr angenehmes Wochenende in ihrem Haus verbracht. Die Bibliothek ist vollständig eingerichtet. Erinnerst Du Dich an das kleine Steinhaus? Es ist mit wildem Wein bewachsen, der schillert wie eine purpurfarbene Geranie, wie die Robe eines majestätischen

Kardinals, und dem Himmel seine Farben darbietet.

An diesem Ort kann man endlich atmen. Er hat etwas sehr Britisches, Imposantes, das aber mit diesem großen, von hundertjährigen Tannen gesäumten imposanten Portal nicht düster wirkt. Die Eingangshalle schmückt ein Porträt von Victoria, ein Bild von einer Malerin, die hier sehr berühmt ist. Vom großen Wohnzimmer aus sieht man den See. Du konntest damals den Charme dieses Hauses nicht richtig schätzen, weil Du am Abend gekommen bist. Natürlich haben wir ganz viel von Dir gesprochen, von Deinen Kartentricks, Deinem Scharfsinn als Zauberkünstler, Deinem Geschick im Würfelspiel. Victoria fragte mich, ob ich mich ebenfalls darauf verstehe. Und da geschah ein Wunder, Liebster! Nachdem ich rosa Champagner getrunken hatte, der mich so fröhlich macht, habe ich beherzt mit »Ja« geantwortet.

»Da haben Sie ein Kartenspiel«, sagte Roberto, der in den kleinsten Einzelheiten immer so genau ist.

Ich bin feierlich aufgestanden und habe die Worte gesprochen, die Du sagtest, wenn Du die Gesellschaft zum Staunen bringen wolltest.

»Sehen Sie sich dieses Kartenspiel genau an«, sagte ich. »Ich mische es gut. Victoria, Sie werden eine Karte auswählen und in den Stapel stecken. Ich nehme das Spiel zurück und werfe es auf die Erde.« Dabei verstreue ich die Karten über den Teppich. »Victoria, Sie werden jetzt Ihre Karte aufheben. Es wird die sein, die Sie berühren, aber damit niemand glaubt, dass Sie mich betrügen, gehen Sie in das Nebenzimmer und schreiben Sie auf ein Stück Papier, um welche Karte es sich handelt. Ich kann Ihnen jetzt schon sagen, dass es eine Rote ist, und ein hoher Wert.«

»Stimmt das, Victoria, ist das wahr?«, rief Roberto aus.

»Hier ist der Zettel«, sagte sie zu ihm.

»Sprechen Sie jetzt nicht mehr, stehen Sie auf. Eins, zwei, drei, jetzt heben Sie Ihre Karte auf.« Und Victoria nahm genau die Karte, die ich vorausgesagt hatte!

An diesem Punkt habe ich aufgehört, ganz in Glück und Tränen gebadet, und habe mich gefragt, wo Du genau zu dieser Zeit wohl warst, denn ich wusste, Du hast mich geführt.

Ich habe diesen Trick niemals mehr durchgeführt, denn Du weißt ja, dass ich ihn nicht kenne, und ich habe nicht einmal versucht, Erfolg zu haben. Wenn ich Erfolg hatte, dann weil Du hinter mir gestanden und über mir gewacht hast.

Die Nacht war dann voller Angst. Da ich niemanden stören wollte, bin ich in die Küche gegangen. Unsere Freunde haben meine Schritte gehört, und seitdem erzählt Victoria, dass es im Haus spukt und man das Gespenst sogar seufzen hört … Diesem Haus steht es sehr gut, einen Geist zu haben!

Am nächsten Tag herrschte strahlender Sonnenschein, und wir haben uns in dem kleinen Waldhüterhaus am Seeufer ausgezogen, um zu baden.

Bald wollen die beiden ein offenes Haus für alle Freunde haben, und Victoria wird ihre Wohnung in

New York aufgeben. Roberto wird von Richfield aus seine Juravorlesungen besuchen. Er hat wirklich Mut, die Examen noch einmal zu machen, damit er in Amerika als Anwalt arbeiten kann. Seine Frau bewundert und liebt ihn wie am ersten Tag. Sie sind glücklich, weil sie auch von innen heraus, mit dem Herzen, ein unzerstörbares Band der Liebe geschaffen haben, ein strahlendes Band, das nicht nur sie erleuchtet, sondern auch alle ihre Freunde.

Victoria hat mir immer wieder gesagt, dass Roberto mich jedes Wochenende mit dem Auto hierher abholen wird. Diese ländliche Region unterscheidet sich so sehr von der, die unser Haus in Northport umgab; die Art des Lichts, der Duft der Erde, die Pfade, alles ist anders.

In New York kann ich nichts tun als warten. Auf Sie, meinen Liebsten, der so fern von mir weilt, auf das Ende des Krieges. Eine kleine Rose, die auf meinem Nachttisch steht, verwelkt. Ich warte immer auf Sie.

Das »os à moelle« ist meine kleine Kantine geworden, während ich auf Ihre Rückkehr warte. Oft esse ich dort allein, oder mit Rouchaud. Wir hoffen, dass wir dort alle gemeinsam, alle vereint, das Ende dieses Krieges feiern werden. Kaum wagt man, die Bilanz unserer Verluste, unserer persönlichen Dramen zu ziehen. Welche Katastrophe und welch ein Unglück zu sehen, wie diese Kräfte, diese Lebensweise, die unsere Kultur geschaffen haben, verlöschen! Und wenn dies die große Zerstörung wäre, die für die natürliche Auslese der Völker notwendig sein soll, wie manche voraussagen?

Ehrlich gesagt, haben wir nicht mehr das Recht zu weinen und den Mut zu verlieren, sondern wir müssen zu uns kommen, Widerstand leisten. Die Arbeit packt uns an der Gurgel, und wir müssen eine eiserne Moral wiederfinden.

Die große Paule ist nach London gegangen, weil ihr Mann sie nicht mehr liebt. Zu ihrem Abschied habe ich eine Cocktailparty gegeben. Sie war schön und stolz. Ich verstehe nicht, warum Du sie niemals hübsch gefunden hast. Mir als Frau gefallen ihr Haar, ihre Haut, ihre Größe, ihre Beine einer jungen Amerikanerin, ihr Teint. Aber es stimmt schon, dass die Frauen, die in den Augen anderer Frauen schön sind, nie Gefallen bei den Männern finden .... Mein großer Kater, ich bestehe natürlich nicht darauf, dass Du sie unbedingt bezaubernder findest als Deine Pimpernelle. Aber ich habe nicht die geringsten Befürchtungen, weil Du weißt, dass ich aus demselben Holz geschnitzt bin wie du, dass ich vollständig Dir gehören und man uns nicht trennen kann. Ich danke Dir dafür, dass Du mich darüber beruhigt hast. So kann ich ohne Angst im Spiegel den Verfall meines Fleisches betrachten und brauche mir in Zukunft keine Sekunde vorzustellen, Du könntest mich verleugnen.

Ich glaube Dir, wie ich an Gott glaube. Herr, vielgeliebter Papou, macht, dass mein Grab der Beginn eines anderen Mondes des Glücks in eurer Ewigkeit wird. Ja, Sie müssen mir in meinem Sarg die Augen schließen, in meinem letzten Nachtlokal, wie unser Freund Léon-Paul Fargue sagte, damit ich in unsere Ewigkeit eingehe.

Ach, ich flehe Dich an, Papou, nimm Dich trotzdem in Acht vor den bösen Kugeln wie auch vor den bösen Frauen. Nicht aus Angst, sie könnten Dich uns wegnehmen, denn das ist unmöglich, sondern weil gewisse weibliche Wesen, die aus Algier zurückkehren und auf der Suche nach Selbstverherrlichung sind, wie Bazillen sind, die den Geist befallen. Sie stehlen einem die Zeit, sie geben Deine Gespräche schlecht wieder, sie erzählen tausendundein Mal, wie intim sie mit Dir, mit Deinen Gedanken waren. Bis nach New York tragen sie Berichte über Deine seelische Verfassung, Deine Gesundheit, über die Lektüre der letzten Seiten, die Du für sie geschrieben hast. Natürlich, mein großer Junge, sprechen sie nicht so schön über Dein Buch, wie sie es verstehen, über ihre Schminke oder ihre Garderobe zu reden. Aber ich leide darunter!

21

2, Beekman Place, Winter 1944

Immer wieder komme ich auf dieses Schiff zurück, das Dich von mir fortgeführt hat. Ich schließe die Augen und versuche, es deutlicher zu erkennen. Aber ich sehe es nicht, alles verschwimmt. Wenn ich Thérèse Bonnet nach Einzelheiten frage, weil sie Sie als Letzte gesehen hat, erzählt sie unweigerlich dasselbe: »Ich weiß nicht, wie sein Schiff aussieht, man hat mir nicht erlaubt, es zu sehen. Weinen Sie nicht

… Ihr Mann wirkte entschlossen. Ganz aufrecht stand er vor mir, ich muss sogar sagen, dass ich zum ersten Mal gesehen habe, wie er den Kopf so hochhielt. Sie wissen ja, dass er sonst mit hängenden Schultern geht, als wolle er etwas aus dem Grund der Erde reißen. Weinen Sie nicht, im Gegenteil, ich werde Sie zum Lachen bringen: Als ich mich von ihm verabschiedete, nahm er mich in die Arme, drückte mich an sein Herz und flehte mich an, gleich zu Ihnen zu laufen und Ihnen die Umarmung weiterzugeben. Ich war so gerührt, dass ich ihn auf den Mund küssen wollte. Aber er hat sich losgemacht. »Entschuldigen Sie, Thérèse«, sagte er, »ich will den Kuss meiner Frau auf meinen Lippen bewahren.«

Ich wiederhole mir Deine Worte vor Deiner Abreise: »Meine Freunde werden sehr freundlich zu Dir sein, während ich fort bin, da bin ich mir sicher. Wenn ich da bin, ziehen sie mich vor, und das schmeichelt mir nicht gerade. Diejenigen, die in mir den Star lieben, machen mich traurig. Die Menschen, die Dir nicht ihre ganze Zuneigung schenken, werde ich vergessen. Meine Gattin, wenn ich zurückkehre, werden wir beiden nur noch mit unseren Herzensfreunden zusammen sein. Nur mit ihnen. Ach, ich wünschte, ich könnte mich noch ein wenig neben Dir ausstrecken, ohne etwas zu sagen. Gerade jetzt kommt mir eine Vielzahl von Bildern seit meiner Kindheit bis heute in den Sinn … Und ich muss fort … Wie spät ist es, Küken? Sei nett zu dieser Meute von Kumpanen, die mich ständig begleitet.« Nein, nein, Tonio, da verlangen Sie zu viel. Ich bin keine Heilige. Kaum beginne ich zu begreifen, dass man im Land des Schmerzes allein ist, wie ein kleines, verlassenes Kind, das nach seiner Mutter um Hilfe ruft, ohne dass es jemals eine Antwort bekommt. Unter dieser Schar von Exilanten befinden sich ganze Familien, die mit beiden Beinen fest auf der Erde stehen, die ohne Umschweife ihre kleinen Geschäfte machen; sie haben ihr Vermögen nach Amerika transferiert, als sich die Bedrohung gegen Frankreich abzeichnete. Diese elegante, snobistische Welt jault im Moment vor Freude, weil Du in den Krieg gezogen bist. »Welcher Sieg, welche Freude, nicht wahr, dass Saint-Ex sich für unser Land schlägt! Etwas anderes kann er nicht tun, unmöglich. Er muss wie ein Held sterben.«

Ihre Überraschungspartys, ihre Champagnerabende und die langen Essenseinladungen, die sie füreinander geben, um Deinen Krieg zu feiern, flößen mir Abscheu ein, und umso mehr, weil ihre ungehobelten Münder die Wahrheit aussprechen. Du bist nicht wie sie, Du musst mit denen leiden, die in Deinem Land gepeinigt werden, Du musst Deinen Beruf als Pilot ausüben, das stimmt. Aber sind diese Leute, diese Geldsäcke, diese mit Diamanten behängten Frauen, sich eigentlich klar darüber, dass wir dafür mit unserem Leben, unserem Blut bezahlen? Und Du verlangst von mir, dass ich mit ihnen lache, dass ich mit ihnen Beifall klatsche? Begeistert feiern sie Deinen Aufbruch, das macht ihnen Appetit auf den Champagner und den Kaviar, die sie in New York an einem sicheren Ort beiseite geschafft haben. Sogar die weißhaarigen alten Damen, die um mein Bett hüpfen, benehmen sich nicht anders: »Oh,

Madame, welche Freude, die Frau von Saint-Ex zu sein; Sie führen ein einzigartiges Leben. Ich beneide Sie wirklich. Saint-Ex wird viele Messerschmitts abschießen, Sie werden schon sehen. Wie im Kino wird das sein, und Sie werden stolz auf den Ruhm sein, den Ihr Mann Ihnen zurückbringt und der auch auf Sie ausstrahlen wird …« Denen möchte ich am liebsten sagen: »Ja, auf dem Feuerwehrball tanzen immer dieselben. Warum tun Ihre Ehemänner und Ihre Söhne es ihm nicht nach?« Diese Fahnenflüchtigen, die sich als Erste ihre amerikanischen Einbürgerungspapiere besorgt haben, verlangen von mir, dass ich stolz auf das Opfer bin, das Du brachtest, als Du New York verlassen hast. Du, gequält von Deinem Rheumatismus und unglücklich darüber, dass Du drei Jahre lang nicht in den Krieg ziehen durftest. Du, der Du noch an den Verwundungen von Deinem letzten Unfall in Guatemala leidest[44], als Du wegen der Schwäche Deines linken Armes nicht einmal mit dem Fallschirm abspringen konntest! Du, der Du keinen verantwortlichen Posten in Washington oder New York annehmen wolltest, und der Du doch so sehr verdient hättest, dass man Dich anerkennt und Dir Ehre erweist, Du wolltest wie die richtigen Helden sein, und Deinem Land als Freiwilliger dienen … Seit dem Tag, an dem Du die Erlaubnis zu kämpfen erhalten hast, hat sich keiner Deiner Freunde bereit gefunden, Dich zurückzuhalten, Dir zu erklären, dass schnelle Flugzeuge sehr junge Piloten erfordern. Aber wenn ich jetzt darüber nachdenke, vergebe ich ihnen die Feigheit, weil sie Dich wirklich liebten und stolz auf Dich waren,

Dich als Helden betrachteten ... Das brauchten sie, um ihre Schuldgefühle zu beschwichtigen, weil sie nicht ebenso handelten, das war nötig für ihren eigenen Frieden, und vor allem den Frieden ihrer gehorteten Millionen! Es war notwendig, damit sie weiter ihren Champagner in Strömen trinken und sich um etwas scharen konnten, das ihrem Leben einen Sinn gab, den leeren Stunden ihres hohlen Daseins ...

Du weißt genau, mein Tonio, mein geliebter Gatte, dass ich Recht habe. Ich höre noch Deine Worte: »Pimpernelle, du kannst keinen Krieg gegen die ganze Welt führen.« Ach, mein Mann, schenk mir inneren Frieden!

Aber heute wandle ich immer noch in einer Nacht ohne Ende, ähnlich der, die ich damals durchlebte, als Du zu Deinen Nachtflügen aufbrachst. Erinnerst Du Dich an die Zeit, als wir im Glaoui-Palast in Marrakesch wohnten? Genau wie jetzt musste ich Dich Dir selbst überlassen, allen Stürmen der Erde und des bösartigen Meeres, die Deinen Flug über den Rio stören konnten.

Alle guten Geister des Meeres und des Windes flehte ich an, die lindernden und die tröstlichen, damit sie Dir zur Hilfe kämen. Auch heute bitte ich sie, bei Deinen Kampfeinsätzen bei Dir zu sein und Dir die Tür zu bezeichnen, die Dich zurück zu denen führt, die Dich erwarten: zu Deiner Frau, Deinem Hund und dieser Erde der Menschen. Heute Nacht bin ich aus dem Schlaf hochgefahren, und mein Blick fiel auf das große Plakat, das der Gallimard-Verlag für *Nachtflug* gedruckt hat ... ein Flugzeug,

das im Sturzflug hinuntergeht. Ich wurde schrecklich wütend über den idiotischen Einfall, ausgerechnet ein abstürzendes Flugzeug auszusuchen, und
ich habe mich aus meinen warmen Laken losgeris-
sen, um das Plakat herunterzunehmen und umzu-
drehen. Dein Flugzeug, Tonio, sehe ich nur, wie es
in die Lüfte steigt und den Kugeln und den Drachen
ausweicht, die Dich im Vorbeifliegen erwischen wollen. Mein Liebster, mein Federkleid der schönen
Tage, mein Gebet der Liebe, das mich von Kopf bis
Fuß einhüllt, wenn die Türen der Vernunft und die
Herzen sich vor mir verschließen ... Mein Liebster,
mein Gatte, wenn ich für immer einschlafen müsste, würde ich Sie mit meinem letzten Atemzug mit-
nehmen; meine letzten Gedanken würden Ihnen gel-
ten. Schon komisch das Leben; wir lernen, artige
kleine Kadaver zu werden. Ich hätte so gern, dass
Du Consuelo, Deine kleine Mumie, ausstopfst und
dass man sie mit Dir begräbt, wenn Du auf die große Reise gegangen bist.

Ich bin krank, eine lange Grippe mit Komplika-
tionen, Angina, Luftröhrenentzündung, Bronchitis,
Asthma und so weiter. Der Winter ist streng, und
nach Mitternacht wird nicht mehr geheizt! Schon
spürt man hier den Krieg, es gibt wenig Fleisch,
wenig Butter, fast keine Taxis mehr, alle Rohstoffe
sind für den Krieg bestimmt. Ich gehe nicht oft aus.
Ich habe beschlossen zu malen, solange ich auf Dich
warte. Und es hat recht gut begonnen. Aber die Leinwand ist teuer, und das Öl ebenfalls. Eines meiner
Gemälde hat gut gefallen, wenn ich es also verkau-
fe, kann ich neue Leinwand und Farben kaufen. Ich

hoffe, ich werde von dieser Grippe genesen. Tonio, Deine Abwesenheit schmerzt mich, ich wachse nur noch wie ein alter Baum, dem man viel zu viele seiner Zweige abgerissen hat ...

22

2, Beekman Place, Februar 1944

Tonnio,

Ihren letzten Brief weiß ich schon auswendig. Ich brauche dringend einen neuen, der meine langen Tage des Wartens und der Sorge lindert. Obwohl ich mir Mühe gebe zu arbeiten, frage ich mich mitten in einem Bild, was ich da eigentlich tue, und was das alles für einen Sinn hat. Wozu ist dieses Bild gut, und für wen, vielleicht ist es überhaupt nicht schön. Ich habe einen Kniff gefunden, meine Ängste zu übertölpeln: Ich spreche mit Ihrem Porträt, das vor mir hängt und einen Quadratmeter misst. Ihre Augen sind tiefe Seen, und ich kann meine Hand auf Ihren Mund legen. Ich erinnere mich an Dein Lächeln, und ich glaube wirklich, dass der Zauber Deines Lächelns mich bewogen hat, Deine Ehefrau fürs ganze Leben zu werden. Niemand kann so lachen wie Du. Das ist kein Lachen wie das der anderen, Du weißt schon, was ich meine. Für mich ist es eine Gnade, eine Art, den hübschen Dingen auf dieser Welt Dank zu sagen. Dein Lachen ist wie die reife Frucht eines Baumes. Dein Lächeln umarmt mein Herz, und wenn ich eine

Zauberin wäre, würde ich dafür sorgen, dass Du Dich immer im Zustand der Gnade befindest, damit Dein kleiner Mund immer lächelt.

Seit einem Monat habe ich nichts mehr von Dir gehört. Länger noch. Ich entsinne mich, dass es in der ersten Januarwoche war, als ich dieses große Geschenk erhielt, Deinen langen Brief, in dem Du deine Gedanken an Consuelo, die Porträts von Consuelo, das Gebet für Consuelo, die Liebe zu Consuelo festgehalten hast ... Aber ich muss meinen Kopf in beide Hände nehmen, die Nächte, die Tage, die leeren Stunden und die stürmischen Stunden, um mich zu überzeugen, dass Du wirklich irgendwo existierst und dass Du eines Tages zu mir kommen und mich mit Deinen Händen berühren wirst, um meine Falten auszulöschen, meine Ängste, und mich vielleicht von meiner Verrückheit zu heilen. Du sollst wissen, dass ich mein Leben im Warten auf Dich verbringen werde, selbst wenn ich darüber alt werde und mein Gedächtnis verliere.

Ich möchte glauben, dass mein Herz in meiner Liebe zu Dir klingt und klingt bis an deine Ohren. Bald haben wir April, ein ganzes Jahr ist vergangen, in dem ich die Jungfrau Maria darum angefleht habe, Dich fünf Minuten bei mir zu haben, fünf Minuten mit meinem Gatten, ganz allein für mich, bevor er von neuem nach Afrika aufbricht! Wenn man bedenkt, dass ich krank war; ich konnte kaum gehen und Dich nicht zu den Freunden begleiten, mit denen es Dir gefiel, die letzte Viertelstunde vor Deiner Abreise zu verbringen! Ich hätte Dir bis nach Afrika nachrennen sollen. Aber ich hege die Hoff-

*In Consuelos Haus,
El Mirador, in Nizza
1931, dem Jahr ihrer
Hochzeit mit Saint-
Exupéry*

*Ein Tag auf dem
Lande kurz nach
der Hochzeit.*

Consuelo mit 26. Zu dieser Zeit war sie mit dem Schriftsteller Gómez Carrillo verlobt.

Prière qui doit être Consuelo chaque soir

Seigneur ce n'est pas la peine de vous fatiguer beaucoup. Faites moi simplement comme je suis. J'ai l'air vaniteux dans les petites choses mais dans les grandes choses je suis humble. J'ai l'air égoïste dans les petites choses mais dans les grandes choses je suis capable de tout donner, même ma vie. J'ai l'air impur, souvent, dans les petites choses, mais je ne suis heureux que dans la pureté.

Seigneur faites moi semblable, toujours, à celle que mon mari voit loin en moi.

Seigneur, Seigneur sauvez mon mari parce qu'il m'aime véritablement et que sans lui je suis trop orpheline, mais faites, Seigneur, qu'il meure le premier de nous deux parce qu'il a l'air, comme ça, bien solide, mais qu'il s'angoisse trop quand il ne m'entend plus faire du bruit dans la maison. Seigneur épargnez lui d'abord l'angoisse. Faites que je fasse toujours du bruit dans sa maison, même si je dois, de temps en temps, casser quelquechose.

Aidez moi a être fidèle et a ne pas voir ceux qu'il méprise même qui le détestent. Ça lui porte malheur parcequ'il a fait sa vie en moi.

Protégez, Seigneur, notre maison.

votre Consuelo.

Amen.

Das Manuskript eines Gebetes,
das Antoine für Consuelo
geschrieben hat.

Amüsant die Ähnlichkeit dieses
Selbstporträts von Consuelo mit
dem Kleinen Prinzen, den Antoine
erst viel später zeichnete.

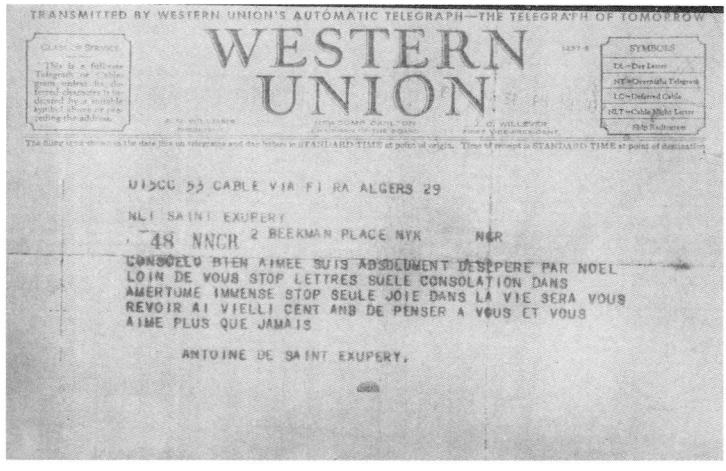

TRANSMITTED BY WESTERN UNION'S AUTOMATIC TELEGRAPH—THE TELEGRAPH OF TOMORROW

WESTERN
UNION

UISCC 55 CABLE VIA FI RA ALGERS 29

NLT SAINT EXUPERY

48 NNCR 2 BEEKMAN PLACE NYK   NGR

CONSUELO BIEN AIMEE SUIS ABSOLUMENT DESESPERE PAR NOEL
LOIN DE VOUS STOP LETTRES SUELE CONSOLATION DANS
AMERTUME IMMENSE STOP SEULE JOIE DANS LA VIE SERA VOUS
REVOIR AI VIELLI CENT ANS DE PENSER A VOUS ET VOUS
AIME PLUS QUE JAMAIS

ANTOINE DE SAINT EXUPERY.

Dieses Telegramm wurde von Antoine de Saint-Exupéry 1943 in Nordafrika aufgegeben, kurz nach Weihnachten, dem letzten, das er erleben sollte.

In den 1950er Jahren in Paris. Consuelo arbeitet an einer Büste ihres Mannes.

Gottesdienst zum Gedenken an Antoine de Saint-Exupéry in Saint-Germain-des Prés nach dem Krieg.
Von Links nach Rechts: Oberst Souard, Simone de Saint-Exupéry, Consuelo und der General der Luftwaffe Chassin.

Consuelo mit dem spanischen Surrealisten Oscar Dominguez.

Vernissage einer Ausstellung mit Bildern von Consuelo 1957 in der Galerie Bernheim Jeune. Neben Consuelo ihre Schwägerin Simone.

Präsentation der Rosensorte Saint-Exupéry, einem Geschenk von Didier Daurat, dem ehemaligen Chef der Luftpostgesellschaft. Die Statue von Saint-Exupéry, betitelt mit »Vogel der Nacht«, ist ein Werk Consuelos.

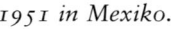
1951 in Mexiko.

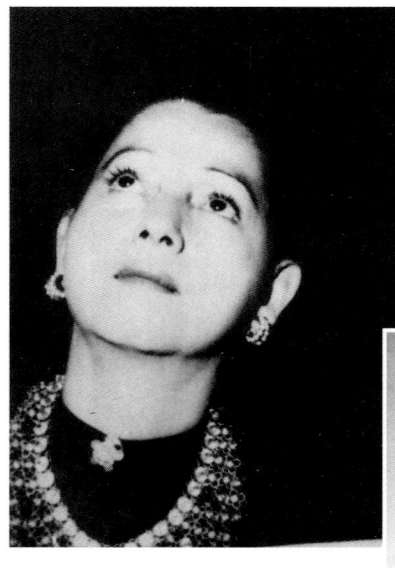

1939 in La Feuilleraie.

*Consuelo sitzt für den Maler
Edmond-Marie Dupuis
Modell. (1939)*

nung, dass mein Lärm, mein Duft, mein Geschmack Dir überallhin folgen. Gott, ich habe Dir wenig anzubieten, ich bin arm; ich möchte – das dürfte nicht länger währen als ein Feuerwerk – Zeichnungen machen, neue Welten erfinden, magische Handlungen, neue Farben, einzigartige Musik, um sie Dir zu schenken, auf die Gefahr hin, dass ich nachher daran sterben müsste!

Ich habe Monate gebraucht, um zu genesen, um nach diesem Unfall meinen Kopf wieder am richtigen Platz zu tragen und die Angst der Nacht zu überwinden, in der die Diebe mich überfallen haben. Fast ein Jahr, und ich habe gerade die Kraft, Dir Liebesbriefe zu schreiben, die Dich nicht erreichen. Ich habe Angst, mich im Wind zu verlieren, mich aufzulösen wie der Rauch in der Luft. Wohin soll ich gehen, um Dich in der Leere zu suchen? Tonio, Tonio, ich kann nicht mehr, und doch wünsche ich mir so sehr, Dich zu sehen!

Deine Ratschläge befolge ich treu, mein Gatte. Ich gebe auf mich Acht, ich sage mir, was ich zu tun habe, ich möchte an unseren Frieden glauben, an unser Glück. Aber wenn ich ohne Nachricht von Dir bin, zittert mein ganzes Geripp vor Zweifel, und ich werde blass, hektisch; ich kann nicht mehr malen, und nichts auf der Welt interessiert mich mehr. Ich bin zerstreut, passe nicht auf mich auf und erkälte mich. So finde ich gegenwärtig keine Rettung aus der Verzweiflung, die jeden Morgen mit der Post schlimmer wird, keine Zuflucht mehr bis zum nächsten Tag, an dem ich von neuem die Tür öffne, um meine Post hereinzuholen, und nur meine Zeitung finde … Ganz allein liege ich im Bett, man gibt mir Sulfate, was angeblich sehr gefährlich ist, und ich nehme sie sogar ohne Blutprobe, ohne ärztliches Rezept … Elisabeth Delanux verabreicht sie mir mit ihrem üblichen Enthusiasmus. Pierre hat, um mich von meiner Krankheit abzulenken, ein paar sehr hübsche Fotografien von mir angefertigt, wie Du an den zwei kleinen Abzügen sehen kannst, die ich diesem Brief beilege.

Du kannst Dir vorstellen, wie sehr es mich schmerzen würde, wenn diese Fotos Deiner kleinen Consuelo Dich nicht erreichten. Und mach Dir bitte keine Sorgen wegen der Aufnahme, auf der ich sehr schläfrig wirke …

Gefallen Dir die Bilder? Warum schickst Du mir nicht Deinerseits ein paar Fotografien von Dir? Ich weiß, dass Deine Freunde welche gemacht haben. Das wäre mir ein solcher Trost. Denk doch daran, dass solche Kleinigkeiten mir das Leben erleichtern. Wo bist Du in diesem Augenblick? Warum schweigst Du? Oft frage ich mich, ob Du wirklich weißt, dass ich aus Fleisch und Blut bestehe, dass ich in New York lebe, obwohl ich die Möglichkeit hätte, nach Guatemala zu fahren und meine Familie zu sehen, und dass ich in New York ausharre, um zu warten, auf Dich, auf Deine Briefe.

Ich bitte Dich, verzeih mir diese Angst, die jeden Tag schlimmer wird, es ist schwer, nur für sich selbst zu leben. Wenn ich den geringsten Zweifel spüre, wenn ich glaube, zu nichts nütze zu sein, dann möchte ich am liebsten verschwinden und mich in Rauch auflösen, ohne die kleinste Flamme zu erzeugen und damit die Blicke der anderen auf mich zu ziehen. Seit einigen Tagen spreche ich meine Briefe auf das Diktaphon, und Du siehst, das geht nicht einmal schlecht. Bald werde ich eine schöne Geschichte diktieren, um Dich zu unterhalten, Dich allein, um Dich daran zu erinnern, dass ich manchmal hübsche Dinge erfinde ... Wann kommst Du zurück, mein kleiner Gatte? Wann wirst Du eine Erzählung für Deine kleine Prinzessin schreiben, und wem wirst Du sie widmen?

Jeden Morgen und jeden Abend umarme ich Dich, und noch im Schlaf harre ich Deiner Briefe. Mein Schatz, ich liebe Dich, ich liebe Dich, aber ich sterbe vor Angst um Dich. Der Krieg geht weiter, und ich habe nur Dich auf der Welt. Und die Welt ist so hässlich. Gestern habe ich Pita Benèche[45] zum Essen eingeladen, um ihr meine Bilder zu zeigen. Ich weiß nicht, ob sie ihr gefallen. Sie wirkte wie jemand, der in ein fremdes Land hinabgestiegen ist. Je länger ich ihr vom Malen sprach, von meinem Glück, mich mit Dir versöhnt zu wissen, umso unruhiger wirkte sie. Ich habe ihr eine Passage über Oppède[46] vorgelesen. Sie fand sie sehr nett, »eine richtige Legende«, wie sie sagte. »Verstehen Sie, mit einer Frau wie Ihnen kann Saint-Ex nicht leben«, setzte sie dann hinzu.

Ich schließe diesen Brief, mein lieber Gatte.
Deine Frau, Consuelo.

23

2, Beekman Place, Frühjahr 1944

Mein Kind, mein Mann, mein Geliebter, ich bin bis in mein tiefstes Herz gerührt darüber, dass Sie Ihren Kameraden die kleinen Geschichten aus meiner Kindheit erzählen; und ich muss lachen, wenn ich lese, dass Sie mich mitten im Krieg fragen, warum mein Großvater nach seinem Tod drei Beine hatte! Es ist gut, lachen zu können, und auch für mich in diesem Moment so selten, mein Liebster ... Ich werde also diesen Sonntag darauf verwenden, Ihnen die Geschichte meines Großvaters mit den drei Beinen zu erzählen. Du weißt, dass meine Heimat El Salvador ein vulkanischer Landstrich in Zentralamerika ist. Der Vulkan Ysalco bricht ständig aus, aber der Vulkan von San Salvador quält uns über Gebühr, weil man immer glaubt, er sei erloschen, doch von Zeit zu Zeit erwacht er und speit Lavaströme über die Hauptstadt. Jedes Mal, wenn das geschieht, ist die ganze Stadt vom Tode bedroht ... Diese Erdbeben nennt man *terremotos*. Es gibt kreisrunde, die einem den Eindruck vermitteln, wie Kastanien in einer Pfanne zu hüpfen, und andere, die einen von unten nach oben schleudern wie einen Tennisball, der in den Himmel geschossen wird. Wenn es losgeht, zerbersten die Hauswände der Länge nach, alles zerfällt, und man sieht die Balken über sich herabstürzen, die Decken, ganze Wände. Von Panik ergriffen, hat man nicht einmal Zeit, sich in den Garten zu flüchten, wobei das Weglaufen im

Übrigen zu nichts nütze ist, weil man in einen schrecklichen Erdspalt stürzen kann, der sich plötzlich auftut ... Deswegen liebe ich den Himmel so sehr, und als Du um meine Hand angehalten hast[47], war meine Freude unendlich, einen Flieger zu heiraten und die Erde verlassen zu können, fern von diesem bösartigen Planeten dahinzuschweben, der in El Salvador vor meinen Kinderaugen so oft aufriss. Um diese Geißel zu bekämpfen, hat man die bekanntesten Architekten aus Japan und China, ebenfalls vulkanischen Ländern, hinzugezogen. Auf ihren Rat hin hat man mit leichteren Materialien gebaut, mit Holz oder sogar mit Papier, aber dann musste man Brände fürchten ... Nach einem schrecklichen Erdbeben, das in die Annalen des Landes eingegangen ist, litt nicht nur die Stadt San Salvador, sondern auch mein winziges Dorf Armenia mehr unter der Trockenheit als der Hungersnot. Wir konnten nicht einmal unsere Toten begraben, weil alle Gräber sich geöffnet hatten und die Skelette vor aller Augen dalagen ... Meine Mutter, eine Spanierin von alter Abstammung und sehr fromm, dachte an ihre Toten, während sie die Verletzten pflegte. Sie flehte meinen Vater[48] an, jemanden zum Friedhof zu schicken, um festzustellen, was das Erdbeben an unserer Familiengruft angerichtet hatte. Also brach der treue Indio Thimo auf dem Rücken eines Esels auf, ausgestattet mit genauen Anordnungen. Am nächsten Tag trat er im Morgengrauen mit seinem Sombrero auf dem Kopf in unser Campingzelt, und ich erinnere mich an das Entsetzen meiner Eltern, als sie sahen, wie er einen Sarg ablud, in den er, wie er sagte, den Körper unseres Großvaters gelegt hatte. »Entschuldigen Sie«, sagte er zu uns, »der Großvater hat drei Beine, alles lag draußen, die Gebeine waren alle durcheinander geraten, und da ich nicht wusste, welche Beine zu ihm gehörten, habe ich alles hineingetan.«

Man lagerte den Inhalt des Sargs in einen Schrankkoffer um, der das Erdbeben überstanden hatte, und schloss das Ganze mit einem Schlüssel ab.

Mit der Zeit hörten die Indios, ich weiß nicht von wem, dass unser Großvater drei Beine hatte. Eines Sonntags nach der Messe verlangten sie von meinem Vater unter großem Geschrei die Herausgabe des dritten Beins. Der Geistliche vermittelte in dieser Affäre, die eine bedenkliche Wendung zu nehmen drohte ... Dieses Bein, erklärten sie, gehöre ihnen, wir müssten es ihnen zurückgeben, weil es ihr gemeinsames Eigentum sei ... Mein armer Vater war zutiefst bekümmert, dass er die Knochen seines Vaters durchwühlen und sortieren sollte, und gab dem Priester die Schlüssel, damit dieser die Rückgabe vornahm. Es wurde beschlossen, jenes dritte Bein im öffentlichen Beinhaus beizusetzen und am kommenden Sonntag eine Messe zu lesen. Aber als der Priester sich an unserem Gartentor einfand, empfing meine Mutter ihn kühl und weigerte sich kategorisch, das dritte Bein unseres verehrten Verstorbenen herauszugeben. Sie erklärte dem Geistlichen, er solle seinen Schäfchen bei der Vesper mitteilen, wenn sie Krieg wollten, könnten sie ihn bekommen. Aber sie sei fest entschlossen, dieses Bein zu behalten, und er könne ihnen versichern, dass es bereits an einem sicheren Ort auf unserem Besitz begraben liege. Mein Vater versuchte, meine Mutter zur Vernunft zu bringen, aber vergeblich, denn seine gescheiten Argumente steigerten ihren Zorn nur noch, führten zu einem Weinkrampf und versetzten sie in einen Zustand, in dem wir sie noch nie gesehen hatten. Schließlich gab mein Vater nach, und die beiden kamen feierlich überein, dass diese drei Beine in der Familie bleiben und mit dem ersten der beiden Kinder meines Großvaters, das sterben würde, begraben werden sollten. Ich vermute, dass der Priester einen leeren Kasten zum Beinhaus trug, und dazu eine großzügige Spende meiner Eltern, um das Elend der Indios zu lindern.

Im Jahr 1924, ungefähr zehn Jahre nach diesem Vorfall, starb mein Vater. Wie es in El Salvador Brauch ist, dauerten die Feierlichkeiten, die dem Begräbnis vorausgingen, drei Tage. Der Verstorbene ruhte auf seinem Bett, angetan mit seiner Galauniform eines Obersten. Jeder brachte Blumen in bunten Farben ins Haus, die sich auf dem Totenbett türmten. Man servierte Erfrischungen für das ganze Dorf. Es war sehr heiß, und die Fliegen begannen um die Leiche zu surren. Es war Zeit, den Verstorbenen zum Friedhof zu bringen.

Also legte man den Körper in den Sarg. Man gab meiner Mutter einen Kräutertee zu trinken, der ihr den Mut schenken sollte, den Trauerzug zu begleiten. Die Türen wurden weit geöffnet, damit der Katafalk, den die treuesten Freunde des Toten zum Friedhof tragen würden, hindurchpasste. Alles war bereit. Der Zug sollte gerade das Haus verlassen, als meine Mutter ausrief: »Unmöglich, ich habe meinem armen Mann versprochen, ihm gewisse sehr wertvolle Papiere, an denen er sehr hing, mitzugeben ...«

Diese Papiere, erklärte sie, befänden sich auf einem unserer Besitztümer, das mehrere Tagesmärsche entfernt lag. »Aber ein Versprechen ist ein Versprechen, besonders eines, das man einem Toten gegeben hat ...« Man holte den Sarg vom Katafalk, man löste die Nägel, und weiter ging es mit den Feiern und den Erfrischungen ... Onkel Hilarion, der Bruder meiner Mutter, fuhr mit den Pferden los, mit dem Auftrag, die wertvollen Papiere zu holen. Es musste schnell gehen, sagte meine Mutter, egal, ob die Pferde sich dabei das Kreuz brachen oder alle Knochen!

Mehrere Tage vergingen. Immer mehr Fliegen kreisten um den Sarg, die Blumen waren verwelkt. Stoisch wartete meine Mutter ab. Endlich kam der Onkel. Man lud einen riesigen Koffer ab, den die Pferde kaum hatten tragen können. Meine Mutter befahl, sie mit ihrem Bruder allein zu lassen, und alle zogen sich zurück. Als sie allein waren, öffnete meine Mutter den Koffer. Zum großen Entsetzen meines Onkels lagen darin die Gebeine. Von Stund an stotterte mein Onkel, denn – merkwürdiger Zufall – er hatte in der vergangenen Nacht geträumt, eine Lawine von Knochen sei über seinem Kopf niedergegangen!

Meine Mutter legte die Überreste der Knochen in den Sarg, und so ruht mein dreibeiniger Großvater in alle Ewigkeit bei seinem Sohn ...

Mit all diesen Einzelheiten, die ich Dir erzählt habe, kannst Du Deine Kameraden zum Lachen bringen, mein Liebster, und dabei an Deine arme Pimpernelle denken, Dein kleines wildes Mayamädchen, das ganz fremd in der großen einsamen Stadt ist ...

24

2, Beekman Place, Sommer 1944

Mein Gatte, mein Tonio, Du fehlst mir und ich warte auf Dich, aber ich fürchte, ich werde Dich nie mehr wiedersehen. Ich flehe zu Gott, mich anzuhören, ich denke mir lange Gebete aus, damit er uns wieder vereint. Ich sage ihm: »Herr, das wirkliche Leben ist mir vollkommen unbegreiflich, ich bin noch nicht ganz geboren, mein Gott, der ganz Liebe und Güte ist, und ich habe schreckliche Angst vor dem, was mich erwartet. Herr, ich muss in Dir geboren werden, ich versuche mich würdig zu erweisen, ich bitte Dich, ich will nicht sterben, ohne richtig zur Welt gekommen zu sein. O mein Gott, ich bitte Dich um Vergebung dafür, dass ich so lebe. Meine Seele ist angegriffen, und ich lebe hier, um zu vergessen. Ich verspreche Dir, meinem allmächtigen Vater, meinem lieben, lieben Vater, dass ich alles tun werde, um rein zu sein. Lass mich bis dahin leben, reich mir die Hand, Herr, für mich ist es eine gewaltige Sache, dass ich mir das Recht zugestehe, zu Dir zu sprechen. Oft glaube ich, dass ich eine Sünde begehe, indem ich ohne Unterlass lauthals nach Dir schreie und gleichzeitig die Ohren vor Deiner Liebe verschließe. Aber ich werde sie öffnen, um Deine Stimme zu hören. Ich warte darauf, mein Vater, dass Du mir die Kraft schenkst, und dann werde ich demütig und ergeben sein. Ich bereite mich darauf vor, Herr, vielleicht wirst du mir dieses Geschenk gewähren, aber sei gnädig, mach, dass ich bereit dazu bin und zuvor mein Inneres in Ordnung gebracht habe. Du bist so gut, mein Vater, Du verstehst meine Schwächen und alle meine Unzulänglichkeiten. Wenn Du willst, kannst Du alles tun, Du kannst mich hier ganz allein am Lake George zurücklassen, und ich werde das süße Wasser betrachten, die Bäume und die Stille. Aber, mein Vater, da ich so allein bin, möchte ich so gern fern von den Dingen der Welt sein und bei Dir leben, in Dir, in Deiner Liebe. Oh, lass mich an die Schwelle deines Gartens gelangen! Von so viel Nachdenken bin ich erschöpft, mein Herz weint, und ich weiß, dass du die Verzweiflung nicht liebst. Heute Abend werde ich versuchen, mich ohne Tränen ins Bett zu legen, aber wenn ich weine, dann sollen es Tränen der Liebe zu Dir sein. Danke, Herr.« Du allein wusstest, Tonio, dass die Liebe der direkteste und der kürzeste Weg ist, und Du sagtest zu mir: »Damit eine Rose schön ist, braucht sie einen Gärtner, der sich um sie kümmert, der sie pflegt und sie gießt.« Aber Du bist nicht mehr da, und Deine Rose verwelkt ohne ihren Gärtner.

25

2, Beekman Place
(dieser Brief ist wohl einige Zeit
nach Saint-Exupérys Verschwinden
entstanden, Ende Dezember 1944)

So weit ich auch reisen wollte, im Zug oder mit dem Flugzeug, unter dem Meer oder über der Erde, ich habe das Gefühl, dass ich Dich niemals erreichen könnte.

Tonio, Tonito, mein Mann, mein Sohn, mein Kirchturm, läute die großen Glocken, weil ich nicht atmen kann. Ich habe zugenommen, während ich auf die Dünung warte, die Dich zu mir zurückträgt.

Ich falle mit den Blättern, mit dem Regen, mit meinem Festkleid. Ich kann nicht gehen, weil ich auf den Moment warte, in dem ich Deine Augen wiedersehe, die rund wie Blumen sind.

Du kannst nicht wissen, dass ich den Weihnachtsbaum nicht gießen kann, damit er wächst. Mein Ehemann von den Sternen, ich habe ganz kleine Hände und Füße, Du musst zurückkehren und mir helfen.

Ich weiß nicht, wie ich von meiner Kindheit bis hierher gewandert bin. Mein Leben war ein einziger großer Taumel. Jetzt habe ich graue Haare, und so viele Tränen rinnen in meinen Mund, dass ich mein ganzes Leben lang davon trinken könnte. Warum, Tonio, mein Tonio, meine Last und meine Freude, mein Himmel und meine Hölle, warum bist Du gegangen, um nie wiederzukehren? Ich kann es nicht glauben, ich will es nicht wahrhaben. Am 31. Juli bist Du in Deinem Flugzeug zu einem Kampfeinsatz gestartet, von dem Du nicht zurückgekommen bist. Das Jahr geht zu Ende, und ich habe keine Nachricht von Dir. Ich muss es akzeptieren, und wenn ich das tue, dann, weil ich Dich über alle Maßen liebe. Wie hätte ich Dich geliebt, wenn Du zurückgekommen wärest! Und Dir wäre es mit mir ebenso ergangen!

Herr mit der Dornenkrone, reiß mir das Herz heraus, damit es nicht mehr schmerzt. Du weißt doch, dass Tonio mir alles bedeutet. Ohne ihn bin ich nichts. Auf dem Tisch meines Hotelzimmers liegt ein Buch von ihm, und darauf ist er auf einem Bild zu sehen, mit seinem ledernen Militärmantel und seinen feinen Männerhänden wie Flügel, und sein Bart wächst, weil ich ihn mit meinen Tränen begieße.

Großer und barmherziger Gott, ich gebe Dir meine Qual, meinen Schmerz. Hilf mir, Vater. Ich habe niemanden, den ich lieben, auf den ich warten, den ich umarmen kann. Ich lebe jetzt in einem kleinen Haus, nur mein Fenster steht immer offen, um die Luft einzulassen, den Himmel, in den er davongeflogen ist, um nicht wiederzukehren.

Bring ihn mir zurück, Vater, ich flehe Dich an, lass ein Wunder geschehen. Wenn Du ihn mir in all seiner Zärtlichkeit zurückgibst, werde ich ihn kämmen, ihn waschen, ihn küssen, und dann werden wir gemeinsam zu Dir gehen.

26

Tonio,

heute ist kein Sonntag, aber meine Augen sind voller Tränen, und deswegen schreibe ich Dir, mein Liebster, und auf Spanisch.

Ich bin in Cambridge[49], um Santillana[50] zu sehen. Er ist immer noch der alte, überaus gütige Professor, aber seine Haare sind weiß geworden, und er kommt mir besorgt vor. Gebe Gott, dass ich mich täusche! Ich bin hergekommen, um an Dich zu denken. In New York ist es zu laut, und man kann seine innere Stimme nicht deutlich genug hören. Vor fünf langen Monaten bist Du fortgegangen, und ich weiß nicht wohin. Fünf lange Monate, in denen ich nicht gelebt, in denen ich nicht gearbeitet habe und in denen ich schreckliche Mühe hatte, auf mich Acht zu geben. Ich beginne mir vorzustellen, wie mein Leben ohne Dich aussähe. Was soll ich tun? Deine Mutter besuchen? Ich denke darüber nach. Aber vor allem muss ich mich um mich kümmern, so wie ich mich mit Dir beschäftige. Ach, Tonio, das ist doch nicht möglich, Du musst zu deiner kleinen Maus Consuelo zurückkommen. Dann werden alle Glocken hell und fröhlich läuten wie am Weihnachtsabend, und Du, Du wirst sie hören und heimkehren wie ein guter Ehemann, und Du wirst nie wieder allein fortgehen ...

Mein Tonio, ich warte auf Dich, das gestehe ich

Dir ganz einfach. Ich weiß, dass Du zurückkommen und mich lieben wirst, so wie Du Dein Haus lieben wirst. Liebster, in meinen Stunden tiefer Traurigkeit höre ich die Menschen, die Dich am liebsten bereits begraben möchten. Nein, Du bist nicht tot, mein Lieber, nein, denn dann wäre auch ich bereits kalt.

Aber wir wollen die trüben Gedanken verscheuchen. Morgen kehre ich nach New York zurück, in meine kleine Wohnung in der Lexington Avenue.[51] Ich werde ruhiger zurückkehren, weil ich Dich näher bei mir spüre. Vielleicht warten gute Nachrichten auf mich. Du musst mir mein Weihnachtsgeschenk selbst geben, mit Deinen eigenen Händen. Ich kann nicht glauben, dass Du nicht mehr zurückkehrst, deswegen bleibe ich in New York, dieser Stadt aus Eisen.

Ich warte auf Dich. In der Wohnung macht die Zentralheizung großen Lärm, auch sie hat Bauchschmerzen, und ich leide immer noch an meinem gebrochenen Finger. Ich schaffe es nicht, hübsche Briefe zu verfassen, aber ich gebe mir große Mühe, deutlich zu schreiben, damit Du eines Tages meine Schrift entziffern kannst. Ach, Tonio, Liebe meines Lebens, Du machst mir Angst!

Jetzt habe ich geweint und fühle mich getröstet und ruhiger. Ganz allein mit mir bin ich, nur Consuelo. Aber die Furcht, Du könntest nicht zurückkommen, ist durch das Fenster davongeflogen. Nachdem ich wieder in New York bin, werde ich jeden Tag zum Arzt gehen und meinen Finger versorgen lassen. Ebenfalls täglich werde ich eine ganze Seite aus dem *Kleinen Prinzen* abschreiben, und wenn ich damit fertig bin, werde ich das Französische gemeistert haben. S. hat mir beigebracht zu sagen »wenn ich hätte« statt »wenn ich habe«, und das möchte ich auf keinen Fall vergessen.

Ich werde um zehn Uhr zu Bett gehen, ich muss schlafen, ich muss auch malen, Klavier spielen und schreiben ... Später, im kommenden Jahr, werde ich ein wenig mehr tun. Hilf mir, bis zum Ende des Jahres meine Arbeit zu bewältigen.

Du würdest mir vielleicht raten, Freundinnen zu besuchen, die »alte Garde«. Ach nein, denen habe ich nichts zu erzählen. Ich werde nur Geschichten für Dich schreiben, mein Geliebter.

Deine Consuelito.

27

2, Beekman Place, Anfang 1945

Fast sechs Monate werden Sie jetzt schon vermisst, Sie, mein Gatte, mein Liebster. Vergeblich schreibe ich Briefe an alle Organisationen, die versuchen, den großen Vermissten des Krieges wiederzufinden, an das Rote Kreuz, den Vatikan, die französische Vertretung in Washington, ich flehe alle Generäle und Politiker an, die uns gemeinsam gekannt haben. Niemand hat mir geantwortet, nicht einmal, um mir Trost zu spenden. So etwas ist lästig, die Frau eines vermisst Gemeldeten, das ist jemand, der nicht in die Regeln passt, mit dem man nicht umgehen kann wie mit einer gewöhnlichen Witwe. Man hat kein Recht, richtig bekümmert zu sein oder Trauer zu tragen, aber man darf auch nicht lachen oder die letzten Herbstblätter küssen. Ich fühle mich zurückgewiesen wie ein nicht abgeholter Gegenstand. Ich sage mir, dass ich ebenso verloren bin wie Du, aber dass wir uns irgendwann wiederfinden werden. Vielleicht werde ich morgen ein Telegramm erhalten, das mir mitteilt, dass Sie in Gefangenschaft geraten sind oder in einem Krankenhaus liegen, dass Sie bald zu mir kommen werden, und dann werden die Stunden barmherziger sein, sie werden mir nicht mehr sagen, was sie mir heute zuflüstern: »Du wirst nie wieder von ihm hören«, oder »Eines Tages wird man Dir mitteilen, dass er in X. gefallen ist« ... Das ist mein alltägliches Päckchen an Kummer, mein Geliebter, vom Frühstück bis zum Abendgebet versuche ich vergeblich, meine Verzweiflung zu verbannen. Umsonst lege ich meine Hände über die Augen, stecke meinen Kopf unter das Kissen oder unter die Dusche, oder ich stürze mich in den betäubenden Lärm eines Theaters oder der Straße, aber der tragische Pendelschlag meines Lebens holt mich immer wieder ein. Ich weiß nicht, mein Geliebter, wie lange das dauern wird, aber ich werde schwach, und ich fürchte um meine Kraft, um meine geistige Gesundheit. Ich weiß, dass ich das nicht mehr lange aushalte ...

Neulich war ich derart erschöpft, dass ich Dir gar nicht davon erzählen mag. Ein wenig beschämt schreibe ich Dir meinen »Sonntagsbrief«, aber ich beharre darauf, Dir zu schreiben, weil die Briefe das Einzige sind, was mich noch mit Dir verbindet.

Ich spreche in diesen Briefen zu Dir, bis ich nicht mehr den Eindruck habe, nur zu schreiben, und Du antwortest mir aus dem Unsichtbaren, Du beruhigst mich, tröstest mich sogar. Dann erlaubst Du mir, wieder Deine Frau zu sein, und ich kaufe mir ein schönes Kleid und gehe zu Arnold. Ich esse am selben Tisch, an dem wir zusammen gespeist haben, ich genieße ganz allein eine französische Mahlzeit, serviert von einem lächelnden Monsieur Arnold, der mich unweigerlich fragt, ob es Neues von Dir gibt. Diese Tage, die allein Du mir schenken kannst, sind meine großen Festtage. Ich spüre, dass das Leben irgendwo auf mich wartet, dort in dem Land, wo Du bist, ganz egal wo, und gleich einem Schiff, das seine Segel hisst, schmiede ich tausend Pläne, die ich auf den Weg zu bringen versuche. So habe ich beschlossen, ein neues Buch zu beginnen, dem ich den Titel *Village à la chandelle* [Dorf im Kerzenlicht] gegeben habe. Ich habe zwar bis jetzt nur ein Dutzend Seiten geschrieben, aber ich spüre, dass ich rasch vorankommen werde. Außerdem habe ich angefangen, *La Fiancée de la pierre* [Die Braut des Steins] zu illustrieren, das im April bei Brentano erscheinen wird. Ich werde Dir das Buch widmen. Wenn Du nicht zurückkommst, um mir Mut zu machen, wird das vielleicht mein erstes und mein letztes Buch sein.

Meine Hände sind immer noch ungeschickt, seit ich mir am Lake George einen Finger gebrochen habe. Ich kann nicht einmal auf der Maschine schreiben und mit dem Federhalter auch nur unter Schwierigkeiten, und die Fahrscheine für die Metro und den Autobus kann ich nicht aus meiner Handtasche ziehen. So stehe ich da, ich Arme …

Dein Verleger sagt zu mir: »Ich kann Ihnen die vereinbarte Pension nicht bezahlen, das könnte Probleme geben. Ihr Mann hat mich darum gebeten, aber wo ist er? So geht das nicht weiter, dass ich mit niemandem verhandeln kann. Sie sind nicht er. Saint-Ex wird vermisst. Wenn man ihn eines Tages für tot erklärt und sein Ableben beweist, dann erben Sie, dann sind Sie reich, weil seine Bücher sich sehr gut verkaufen. Ich habe Geld auf der Bank für ihn. Da Sie seine Frau sind, werden Sie eines Tages große Summen kassieren. Aber für den Moment ist das nicht möglich.«

Wenn Dein Verleger mir nicht hilft, weiß ich nicht, wie ich mein Leben weiter bestreiten soll. Ich könnte im Gefängnis landen, weil ich eine Schuld nicht begleichen kann, und wenn sie noch so klein wäre, wegen meines Zahnarztes etwa, und ich mag gar nicht daran denken, dass ich ernsthaft krank werden könnte. Ich habe kein Anrecht auf nichts.

Diese Geldgeschichten sind ziemlich lästig, aber sie sind das Einzige, was ich erlebe, daher finde ich sie vor lauter Einsamkeit sogar unterhaltsam. Was würde ich nur anfangen, ohne mich zu fragen, wie ich meinen Arzt, meine Wohnung oder meinen Urlaub bezahlen soll? Denn trotz allen Leids und aller Verzweiflung ist man doch nicht weniger Mensch, und ich liebe die Sonne, die reine Luft, den klaren Himmel und dicht belaubte Bäume, und ich gebe zu, dass ich an meine Sommerferien denke. Ich werde allein sein, ich werde traurig sein, ich werde malen, ich werde fortfahren, Dir zu schreiben. Vielleicht spricht Gott mir von Dir. Meine Malerei gefällt den Leuten, und noch besser, ich habe diesen Monat Bilder verkauft, dank denen ich mir eine Sekretärin und den Autobus leisten kann, mein Atelier bezahlen und mich über den bevorstehenden Frühlingsanfang freuen ...

ZWEITER TEIL

Rückkehr aus New York

1946 bis 1954

»Dieser Turm ist betrunken. Ich bin allein.
Die Liebe der Sterne bleibt wahr.«
(Rückseite einer Ansichtskarte,
geschrieben von Consuelo in Pisa,
Oktober 1952)

I

Paris, Frühjahr 1946 (?)

Kraft Deiner Briefe bin ich Deine Familie, diese Familie, die Du behüten möchtest, von der Du gern wissen willst, ob sie in Haromonie lebt, so wie die Ernte vor dem Regen geschützt sein muss. Doch Du konntest nicht zurückkehren und Dein Haus, Deine Consuelo beschirmen. Vielleicht hast Du es nicht stark genug gewollt? Dabei liebtest Du es, die Schwachen zu hüten, aber mich hast Du ganz allein gelassen.

Doch ich sehe zu, dass mein Haus weiterlebt. Da wir Frühling haben, schleppe ich wie eine Hirtin dicke Rosensträuße, die ich aus den *Halles* mitbringe oder vom Land, wenn meine Freunde mich in ihr Wochenendhaus einladen.

Heute komme ich aus Orléans zurück. Meine Freunde haben viele Kinder und haben mich in dem hübschen Gasthaus »La Montespan« untergebracht.

Ich kann gut verstehen, dass man aus diesem Schloss am Ufer der Loire einen Gasthof gemacht hat. Für ein Ehepaar wäre das zu traurig, diese riesigen Säle ohne jemanden, der ihnen Leben verleiht, diese erdrückenden Libanonzedern in einem Park, der zu groß ist für zwei Verliebte ...

Ich möchte alles haben, aber ich bin auf meine kleine Wohnung[52] beschränkt, die ich mit Blumen und Liedern fülle. Aber ich weiß nicht mehr, für wen ich singen soll. Immer noch tut mein Herz mir weh. Die Welt ist zu groß für mich, und ich komme mit dem Leben nicht mehr zurecht. Ich bin verloren, ich weiß nicht mehr, wie ich existieren soll, und ich sage mir, dass ich bald auf einen anderen Planeten umziehen muss ... Nicht sehr fröhlich, das alles. Aber weißt Du, ein Küken sieht nicht weiter als bis zu seinen kleinen Füßen, und es braucht einen Hüter, der es vor schlechten Jahreszeiten und Sackgassen bewahrt.

In meinem Leben besitze ich einen großen Hafen, nämlich DICH, und irgendwann werde ich mich dorthin einschiffen, quer durch alle Zeiten, weil er mich aufnimmt, wann ich will, und gesegnet sei Gott, der Dich geschaffen und auf meinen Weg geschickt hat ...

2

Paris 1946

Weißt Du, ich werde Dir schreiben, immer weiter. In New York nannte ich meine Briefe die »Sonntagsbriefe«, weil ich eines Sonntags nach der Messe begonnen hatte, Dir zu schreiben. Sie lagen alle bereit für Dich, für den Fall, dass einer Deiner Freunde vom Militär vorbeikäme und sie Dir über die »Untergrundbahn« übermittelte ... Ich hatte keine Tränen mehr, mein Liebster, und ich musste kämpfen, um ein Dach über dem Kopf zu finden, eine Zuflucht, auch für Annibal, Ihre Bulldogge, die Sie in New York so geliebt haben. Als ich aus Greta Garbos Wohnung ausgezogen bin, waren die weißen Wände mit Flecken von den Seifenblasen beschmiert, auf die sich Annibal warf, um sie zu zerdrücken. Erinnern Sie sich, ich hatte Sie gefragt, warum Sie ihn gelehrt haben, derart auf die Seifenblasen loszuspringen. »Mit dieser Frage habe ich schon gerechnet, Consuelo«, sagten Sie zu mir. »Verstehen Sie, der Grund ist, dass Hunde ein sehr schlechtes Gedächtnis haben. Und wenn ich fortgehe und Sie ihn nicht behalten können, sollen Sie ihn zu einer unserer Freundinnen aufs Land geben. Ich dachte an Madame E., die versprochen hat, ihn zu behalten, wenn er uns zu viel würde. Wenn ich dann zurückkomme und Sie ihn ihr gegeben haben, dann hole ich mir meinen Hund wieder, und wenn er mich nicht mehr erkennt, werde ich ihn nicht schlagen, sondern ich puste Seifenblasen, und dann weiß er, dass sein Herr zurück ist.« Jetzt bin ich allein, mein Tonio. Sie sind nicht zurückgekehrt. Aber Sie sind ewig, mein Kind, mein Gatte, ich trage Sie in mir. Wir sind unantastbar, wie der Kleine Prinz. Die wahrhaft Unantastbaren sind diejenigen, die wie wir im Licht wandeln, in der Reinheit der Schöpfung. Immer wieder lese ich Ihren letzten Brief. Es hat mich gerührt, dass Sie endlich die kleine Consuelo verstanden haben, die »Goldfeder«, wie Sie sie oft nannten, die bezaubernde Pimpernelle, nach dieser kleinen Blume, die ich bei unseren Freunden, dem Ehepaar Werth, auf ihrem ländlichen Besitz in Saint-Amour gepflückt habe. Auch an diese beiden denke ich, die Werths. An die unfassbare Liebenswürdigkeit, mit der sie reagierten, als ich Sie bat, den *Kleinen Prinzen* nicht mir, sondern Léon Werth zu widmen, unserem jüdischen Freund, der uns während unserer Liebesstreitigkeiten auf dem Land aufgenommen hatte. Und wir waren so glücklich in seinem Haus. Doch leider, dieses Glück war kurz. Wer ist schuld daran? Mein Liebster, ich bin glücklich, dass Sie erfahren haben, wie sehr ich Sie geliebt habe, froh, dass Sie verstanden haben, dass ich Ihnen meine ganze Jugend geschenkt habe, mein ganzes Leben bis in die Ewigkeit.

Ich bin glücklich, Ihr Leben erhellt zu haben, und sei es nur mit meinem erbärmlichen Sternchen. Du warst so verbittert vor Deiner Abreise. Ich wusste nicht mehr, wie ich Dich zerstreuen sollte, daher schlug ich Dir vor, in den Central Park zu gehen und die Tiere anzuschauen. Oft gingen wir, um die Tiger und Schimpansen anzusehen, und obwohl Du Affen nicht magst, hast Du sie aus der Hand fressen lassen. Ich hatte die Taschen voller Erdnüsse, damit Du sie an alle um Dich herum verteiltest, und ich habe es sogar geschafft, Dir ein Lächeln zu entlocken. Den ganzen Tag schwebte ein Nebel über Dir, der Deine Miene verdüsterte. Dann hast Du eine große Schere genommen und kleine Papierflugzeuge gebaut. Diese winzigen Flugzeuge flogen gut, und da Du oft gebastelt hast, kam eines Tages ein Polizist zu uns nach Hause und bat uns, die Straßen von New York nicht weiter zu verschmutzen. Du hast gelächelt, aber an Deiner Miene habe ich genau erkannt, dass Du gar nicht froh warst. Glücklich wärest Du nur – sagtest Du –, wenn man Dir die Erlaubnis erteilen würde, wieder in Deine Staffel einzutreten, die Gruppe 3/22, in den Kampf zu ziehen und Dich beschießen zu lassen. Das Ziel war, wie jeder weiß, möglichst tief zu fliegen und vom Flugzeug aus Fotos zu machen. Man wollte nicht, dass Du fliegst, aber Du hast so darauf beharrt, dass Du schließlich gewonnen hast.

Ich beklage mich nicht, Papou, trotz meiner Einsamkeit, obwohl ich Witwe bin, weil ich weiß, dass Du glücklich gegangen bist. Oder in Deinen Worten: »Ich muss auf mich schießen lassen, damit ich mich rein fühle, damit ich mich in diesem merkwürdigen Krieg geläutert fühle.«

Nichts von dieser ganzen vergangenen Geschichte bedaure ich. Vor allem nicht, dass ich zu Dir nach New York gekommen und Deinem letzten Ruf gefolgt bin. Deinem großen Wort der Liebe, ich solle kommen und mich in Deine Arme werfen. Du hattest damals eine sehr gute Freundin, Prinzessin

Nadia de Bragance. Nadia habe ich all die Telegramme zu verdanken, die Du mir nach Oppède geschickt hast. Sie war es, die eines Tages bei ihrer Patentante zu Dir sagte: »Hören Sie, Saint-Ex, Sie wollen ja wohl keine dieser Blondinen heiraten, mit denen Sie ausgehen. Warum lassen Sie nicht Consuelo herkommen, die sicher in ihrem Dorf Oppède, wo sie ganz allein ist, Kälte und Hunger leidet?« Und Sie sagten: »Nadia, erinnern Sie mich daran, dass wir auf dem Heimweg an einer Telegrafenstation Halt machen und Consuelo ein Telegramm schicken.« Und ich bin zu Dir zurückgekehrt. Ich weiß noch, was die Frau von André Maurois in New York zu mir sagte, und sie hatte Recht. »Wenn man einen Schriftsteller heiratet, tritt man in einen Orden ein, einen Orden, der keinen Namen hat und dessen Regeln man erfinden muss. Man muss alles erbauen, ohne dass jemand etwas davon bemerkt, wie eine kleine Spinne, die ihr Netz knüpft und wieder von vorn beginnt, wenn man es mit dem Besen wegfegt. Ja, sie webt einfach ihr Netz von neuem. So ist das Leben der Frau eines Schriftstellers.«

Ich rede und rede, aber ich spreche zu Dir, weil Du so gern zuhörtest. Immer wieder hast Du zu mir gesagt: »Erzähl mir Geschichten, kleine Consuelo. Oft, wenn ich mich zwischen den Sternen verirrt habe oder mir nicht sicher bin, ob mir der Polarstern leuchtet oder irgendein Licht auf der Erde, sage ich mir, dass meine kleine Consuelo nach mir ruft, und ich versichere Dir, dass ich Dich sehen werde. Ich wende mich, wohin Du mich lenkst, und Deine Geschichten leiten mich.«

Ja, mein Papou, ich erinnere mich an alle süßen Worte, die Du zu mir gesagt hast. Tonio, ich bin nicht allein, ich glaube nicht, dass Sie fort sind, so stark fühle ich Ihre Gegenwart, Ihren Blick, der in alle Ewigkeit auf mir ruht. Selbst heute, da Sie fort sind, werde ich keine Bewegung machen, die Ihnen missfällt und uns einander entfremdet. Unsere schlimmen Streitereien sind vorüber. Ich habe alles vergessen, die Ferien, die Sie sich genommen haben, Ihr Fernsein, mein Warten. Das musste geschehen, all diese Momente mussten durchgestanden werden. In meinem Herzen wütete Sturm, aber es reichte, wenn Sie mit Ihren Händen eines Erzengels über meine Stirn strichen und mir diese Worte der Liebe, der Zärtlichkeit, der Treue sagten, die mir heilig sind, und alles war Ihnen vergeben. Aber Ihre Sehnsucht war das stärkste Gefühl, stärker noch als die Liebe, die Sie für Ihre kleine Consuelo empfanden. Sie mussten alles, was in Ihrer Heimat geschah, gemeinsam mit Ihren Landsleuten erleben, Elend, Hunger und die Demütigung der Besiegten mit ihnen teilen. Sehr schnell habe ich diesen Wunsch begriffen, der Ihnen so sehr am Herzen lag, die Mühsal zu teilen, die man Ihren Freunden auferlegt hatte. Sie wollten sich in diesem Strom von Kugeln reinigen, diesen Krieg mit Ihrem eigenen Fleisch und Blut spüren. Ja, seit meiner Ankunft in New York wusste ich, dass Sie gehen würden.

3

Immer schwerer lastet die Stille auf mir. Ohne Dich
bin ich allein. Ich habe sogar das junge Mädchen,
das auf der Maschine schrieb, in ihren Vorort
zurückgeschickt, weil sie mich mit ihren Fragen
langweilte. Lieber führe ich ein wirkliches Zwiege-
spräch mit Dir, als bei jedem Satz, den ich diktiere,
dumme Fragen beantworten zu müssen. Ich könnte
Dir mit der Hand schreiben, aber ich scheine mich
vor dem weißen Papier zu fürchten, und auf der
Maschine wirken die Wörter ungefährlicher.

Die ganze Woche geht dahin, während ich mich
an mein neues Leben in meiner Wohnung gewöhne.
Ich treffe Verabredungen, die ich dann nicht ein-
halte, ich bin böse auf mich selbst, ich verliere das
Zeitgefühl, ich bewege mich sogar langsam.

Du, mein Tonio, siehst mich für immer an. Ich
streichle die Gipsköpfe, die ich von Dir angefertigt
habe, und das ist mir genug. Heute Abend erwarte
ich die Frau des Gartenkünstlers, der neue Rosen-
sorten gezüchtet hat und sie »Consuelo« und »Saint-
Exupéry« taufen möchte. Ich würde lieber einen
Namen mit einem geheimen Glanz finden, der das
magische Band ausdrückt, das uns verbunden hat.
Aber ich glaube, unsere Liebe ist undefinierbar.

4

Ich bin traurig, dass unser Hund tot ist. Er erinnerte mich ständig an Sie, und solange Annibal lebte, waren auch Sie noch in ihm anwesend. Sie werden sich erinnern, dass er in einem Koffer zu mir gekommen ist. Damals lebte ich in einem kleinen Holzbungalow am Strand von West Port, in der Nähe von New York. In diesem Bungalow spielte ich die Mutter für Denis' Kinder. Seine Frau war mit einem anderen auf und davon gegangen ... Ich habe den armen Denis getröstet, und er hat mir über die drei Jahre Ferien von der Ehe, die Sie sich genommen hatten, hinweggeholfen. Ich hatte mehr Glück als Denis. Sie haben mich überall auf der Welt überrascht, und Sie haben mich immer gefunden. Beladen mit kostbaren Geschenken kamen Sie und haben mir Geschichten aus Tausendundeiner Nacht erzählt. Und dann sind Sie wieder gegangen. »Ja, das ist schon traurig, dass ich nicht längere Zeit Ihr Mann sein kann«, sagten Sie zu mir. So war das. Der Mensch gewöhnt sich an alles. Deine Art, Dich davonzumachen, war für mich normal geworden.

Du hast mich als kleines Mädchen betrachtet, und manchmal bist Du so weit gegangen, dass Du mir laut die glühenden Widmungen vorgelesen hast, die Du Deinen Bewunderinnen in Deine Bücher schriebst. »Wenn ich Prahlerei nicht verabscheute«, riefst Du aus, »würde ich Dir die Briefe vorlesen, die ich Madame E.⁵³ schicke ... Du weißt doch, dass ein Schriftsteller alle Mittel einsetzt, damit seine Worte eine magische Verlockung ausüben. Oft wärest Du eifersüchtig auf gewisse intime Bemerkungen, die mir entschlüpfen, aber gut zu schreiben ist mein Beruf, verstehst Du! Ich finde es ganz richtig, wenn Du stolz auf meine Eroberungen bist. Ich spiele nicht gern den Don Juan, aber du sollst wissen, meine Frau, dass ich in alle Ewigkeit Dein Mann bin und dass wir uns niemals trennen werden.« Aber zurück zu Annibal ... Eines Samstagabends hielt also Dein Wagen vor meinem Häuschen. Ich habe Dich immer liebevoll empfangen, als wärest Du gestern erst weggefahren, und Du brachtest mir Schokolade mit, Pastete und oft auch Champagner. Aber an diesem Tag kamst Du mit dem Ausladen Deines Wagens gar nicht zu Ende, ein Koffer und noch ein Koffer, dann ein Überseekoffer ... Wenn ich das Haus voller Freunde hatte, dann hat Dich das nicht im Geringsten gestört. »Machen Sie sich keine Gedanken, ich werde in einer Hängematte schlafen. Ich will nur Consuelo die schönsten Geschenke bringen, weil es mir solches Vergnügen bereitet, ihr freudestrahlendes Gesicht beim Öffnen der winzigsten Schachtel, des kleinsten Päckchens zu sehen.« Dieses Mal stürzte ich mich auf elf Pakete, die alle unterschiedlich eingepackt und mit goldenen Bändern verschnürt waren. Aber mir war ein wenig beklommen dabei zu Mute, die großen, beunruhigenden Gegenstände zu öffnen. Ich betrachtete die Koffer und sah, dass mein Name eingraviert war. Ich öffnete den ersten, weil die Schlüssel am Griff hingen. Ein Rüschenhemdchen aus rosa und blauer

Seide und weiße Wäsche wie für eine Aussteuer kamen zum Vorschein. Im zweiten Koffer befand sich schwarze Wäsche mit echter elfenbeinfarbener und ockerfarbener Spitze, wie die Dessous, die Marlene Dietrich im *Blauen Engel* trägt! Fast empört schlug ich den Deckel zu, denn ich wusste nicht, warum Du mir so etwas kaufen musstest, nachdem Du mir jahrelang erzählt hattest, dass Du eine Frau lieber ganz nackt magst, statt in einen Haufen Bänder gewickelt ...

Trotzdem habe ich den Überseekoffer aufgemacht, um die Inspektion zu beenden. Du hast Dein Gesicht heruntergebeugt, um mich anzusehen, denn ich hatte mich hingehockt und versuchte das kupferne Schloss zu öffnen. Da hörte ich ein höllisches Knurren und ... Annibal sprang aus dem Koffer, der sehr geschickt mit Löchern zum Atmen und allen Annehmlichkeiten für einen Hund ausgestattet war ... Er war jung, kaum drei Monate alt, ganz freundlich und verschmust. Plötzlich fielen mir die Hunde wieder ein, die ich in El Salvador auf meinen Kaffeepflanzungen besessen hatte, und die zwei, die Maeterlinck mir geschenkt und die ich Pelleas und Melisande getauft hatte, ein Pärchen deutscher Schäferhunde, die bessere Schnüffler waren als alle Sherlock Holmes' der Welt. Ich erinnere mich noch an das Lächeln, das Dein Gesicht erhellte, als ich den Hund an mich drückte und sagte: »Ich taufe ihn ...« Ich schaute Dich an. Deine Augen, Dein Mund, Deine ganze baumlange Gestalt strahlten vor Zärtlichkeit. Aufrecht standest Du im Zimmer, das Du vollständig einnahmst, das Du ausfülltest mit

Deinem grauen Flanellanzug, die Arme hübsch an Deinen Schultern eines Riesen aufgehängt, die Hände ins Kreuz gestützt, das Du durchgedrückt hattest, als wolltest Du auf mein Herz losstürmen, um es von neuem zu erobern, oder auf den Himmel, um Dich darin zu verlieren ... »Ich werde ihn Annibal nennen, nach dem großen römischen Feldherrn«, sagte ich leise, ein wenig verwirrt durch die magische Kraft Deines Blickes. Da glitt ein trauriger Schatten über Deine Augen. »Gefällt Dir der Name Annibal nicht?«, fragte ich dich. »Doch, Pimpernelle, er gefällt mir, aber du wirst niemals lernen, ›Hannibal‹ richtig auf Französisch zu schreiben. Weißt du, ich bin zwar nicht abergläubisch, aber der Feldherr Hannibal ist weit fort in die Wüste gezogen, um Krieg zu führen, und er ist niemals zurückgekehrt ...«

»Aber Sie, Sie kehren immer zurück, mein Tonio, mein Geliebter«, habe ich Dir leichtsinnig geantwortet.

5

Paris, undatiert (1946?)

Mein Gatte, mein Tonio, nun, da Du zu den Sternen gegangen bist, bleiben mir nur noch Erinnerungen zu erzählen, Spuren von Dir. »Warum macht das Leben Dir solche Sorgen?«, sagtest Du zu mir. Und ich antwortete:

»Weil *Du* jeden Tag unseres Lebens um unsere Existenz fürchtest, und eine Frau muss ihr Kind ermutigen, ein Haus von innen führen, und mein Mann muss sich ausruhen. Und wenn ich mir nutzlos vorkomme, ich mich viel stärker ängstige als andere Frauen, dann, weil ich bei der Vorstellung zitterte, dass Du auf deinen Nachtflügen in Schwierigkeiten steckst. Ich sage ›ich liebe Dich‹, aber besser sollte ich sagen ›ich denke an Dich‹. Du bist mein Ziel geworden, mein Grund zu leben, und wenn Du Dir wehtust, komme ich dabei um.«

»Weißt Du, auch ich kenne die Angst«, sagtest Du. »Gerade ist mir eine Geschichte eingefallen, die ich mit Daurat auf der Kolonialausstellung erlebt habe. Du erinnerst dich, dass ich kürzlich abends auf dem Rummel mit ihm Fallschirm gesprungen bin. Bis zur Erde waren es nur vierzig Meter. Du sollst ruhig wissen, dass ich schreckliche Angst hatte, denn ich wusste, wenn ich auf diesen vierzig Metern einen Fehler machte, würde ich mir die Knochen brechen. Daurat hat mir gestanden, dass er ebenfalls furchtbare Angst hatte, und wenn er den Mut aufbrachte, sich ins Leere zu stürzen, dann nur, weil ich es auf der anderen Seite ebenfalls getan hatte. Aber zu Anfang mochte keiner von uns diesen Jahrmarktsspaß riskieren ... Aber wir haben die Furcht besiegt. Als wir in deinem Haus in Nizza wohnten, in El Mirador⁵⁴, hatte ich einen merkwürdigen Traum. Ich bin Gott auf dem Wege begegnet, und Gott hatte die Gestalt einer Kerze, die aufleuchtete und wieder verlosch. ›Ich wollte Sie treffen‹, sagte ich zu ihm. ›Wusste ich doch, dass Sie ein Licht sind. Ich entschuldige mich vielmals, bestimmt bin ich ein Idiot, vielleicht bin ich schon tot, oder ich träume … Aber ich muss Sie ganz dringend um Hilfe bitten … Meine Frau hat sich von mir entfremdet, weil ich sie gebeten habe, wieder wie ein Junggeselle leben zu dürfen … Und ich bin mit schlechtem Gewissen aus dem Haus gegangen. Jeden Tag habe ich Sie gebeten, mich von meiner Sünde reinzuwaschen. Über Tag konnte ich vergessen, aber sobald ich mich zu Bett legte, dachte ich an meine Frau, die nicht wusste, wie sie ganz allein leben sollte. Wenn ich einschlief, sagte ich immer ›Gott, Gott‹, weil ich nicht einmal mehr die Worte wusste, die man sagen muss, um Gnade oder Vergebung zu erlangen … Stellen Sie sich vor, eines Nachts habe ich auch das hier geträumt: Durch eine Klimaveränderung waren plötzlich der ganze Duft der Erde, die Blumen, das Leben, das Salz der Erde verschwunden, und ich hörte Glocken läuten. ›Ihre Frau ist tot‹, verkündeten sie. Und das ganze Leben, alle Anmut des Lebens waren von der Oberfläche der Welt verschwunden. Tag und Nacht bin ich gewandert, und endlich traf ich einen alten Mann, der zu mir sagte: ›Ihre Frau ist zurückgekehrt, sie ist nicht tot … Die Leute sagen, sie sei ertrunken, aber das ist nicht wahr …‹ Plötzlich waren wie durch ein Wunder das Licht, die Blumen, alles Salz der Erde wieder da. Mein Herz war von Freude erfüllt, und meine Wanderung ermüdete mich nicht mehr, sondern war der allerschönste Gang zu meinem Heim, und mit reinem Herzen sagte ich mir: ›Nie wieder werde ich mein Haus verlassen, so sehr fürchte ich, dass die Lichter von neuem verlöschen könnten ... Dass meine Frau fortgeht, dass das Salz der Erde verschwindet ...‹ Du siehst, mein kleines Mädchen, dass Leben und Tod in derselben Landschaft wohnen. Wir vermischen sie nicht gern, aber alles ist miteinander verknüpft.«

Ich liebte Dich, wenn Du so zu mir sprachst und mir mit beinahe leiser Stimme Geschichten aus Deiner Kindheit erzähltest. »Ich bin nicht für Diskussionen geschaffen, für Komitees, Generalstäbe, politische Abendessen, Interviews, das kommt mir wie Zeitvergeudung vor«, hast Du mir aus Algier geschrieben ... »Diese Geschichten mit Links und Rechts langweilen mich. Die Politiker haben keine Umgangsformen mehr, bei ihnen höre ich nur Geschrei und falsche Schwüre, und ich mag mich nicht für ihr Wortgetön hergeben.«

Du hast die großen Worte der Theoretiker nicht gebraucht, um Deine menschlichen Ängste unter die Menschen zu tragen, und dennoch hast Du die Erde geliebt, Deinen Planeten, Dein Haus und Deine Frau, obwohl Du darauf verzichtet hast. Du konntest schlafen, wenngleich Du dem Schlaf entsagt hattest, Du warst schön, weil Du verstanden hattest, worin die Schönheit eines Clowns besteht, weil Du wusstest, dass nur ein Mensch ohne Maske in der Lage ist, Glück um sich zu verbreiten. Du wusstest, dass Perlen kalt und wertlos sind, Du liebtest es, mit Kindern zu spielen, um nicht zu spüren, dass Du älter wurdest. Eines Tages fragte Dich ein überaus stolzer Edelsteinsammler, in welchem Land Deine Güter lägen, Deine Schlösser, Deine Ländereien. Du hast die Augenbrauen hochgezogen und die Elfenbeinwürfel mit einer wunderbaren Geschicklichkeit, die den Sammler neidisch machte, durch die Finger gleiten lassen. »Wenn Sie plötzlich sterben, glauben Sie, dass Ihre Perlen Ihnen dann noch gehören?«, hast Du dann zu ihm gesagt.

»Aber ich habe Sie gefragt, wo Ihre Besitzungen liegen«, beharrte der Sammler.

Und Du hast ihm geanwortet:

»Mein Besitz? Mein einziges Gut ist hier, meine Frau ...«

Oh, Tonio, Du wusstest durch die Tat zu lehren, ohne Stolz und große Worte, indem Du versuchtest, immer weiter zu gehen als die anderen, um das Hindernis zu besiegen, das Unbekannte, um denen den Weg zu bahnen, die sich nicht auf die Gefahr einlassen wollten. »Ich habe Angst«, sagtest Du zu mir, »ich fürchte mich sogar vor einer Tür, die hinter mir zugeknallt wird, aber ich möchte so gern die Menschen vor der Furcht erretten ...« Als Du in der Wüste abgestürzt bist, hast Du den Steinregen auf dem Sand entdeckt. Staunend und verwundert hast Du den Fuß dorthin gesetzt, wo noch niemand gegangen war. Du konntest Dir nicht erklären, wie die feinen Steine vom Himmel auf die Erde gefallen sein sollten, und tief betrübt über Deine Unwissenheit hast Du über den Steinregen geschrieben. An diesem Tag hattest Du entdeckt, dass es dem Menschen nur an dem mangelt, was er nicht weiß, und von da an wolltest Du den Menschen bilden, ihn lehren ...

Wie bedaure ich, dass ich nicht den Mut habe, in

ein Flugzeug zu steigen und zu Ihrem Gebirge im Süden des Atlas zu fliegen, um die Gazellen aus meiner Hand fressen zu lassen. Ich bin mir sicher, dass ich eines Tages vor Ihre Tür treten werde, und ich weiß genau, wenn ich bei Ihnen anklopfe, werde ich belohnt werden.

Hier beginne ich, ein wenig Ordnung in meine Angelegenheiten zu bringen. Gut möglich, dass ich dann mein Köfferchen nehme und beschließe, diese Welt zu verlassen und in Ihren Palmenhain zu gehen.

6

Paris, undatiert

Du bist nicht mehr da, und doch weilst Du bei mir. Du setzt mich jeden Morgen in Bewegung, Licht meines Lebens. Mit einem Kürbis, Lorbeerblättern, herrlichen Tulpen, einem Karpfen sowie einem Rezept, um ihn im Ofen zu braten, kehre ich aus den *Halles* zurück. Das Rezept stammt von einer Dame aus den Markthallen, die ihrer roten Nase nach von Generationen von Rotweintrinkern abstammt ... Sie winkte mich heran. »He, kleine Mutter, hier ist dein Fisch. Er lebt noch, aber gefüllt ist er noch besser. Nachdem du ihn in den Ofen gestellt hast, übergießt du ihn mit einem großen Glas Cognac und flambierst ihn. Das schmeckt sehr gut ...« Ich werde dieses Rezept für Pierre und Evelyne[55] zubereiten. Wie Du siehst, werden mir heute Abend weder Mond noch Sterne Gesellschaft leisten. Ich versuche nur, die Verzweiflung auf Abstand zu halten …

Gestern besuchte mich ein Verleger, der auswandern will, und bat mich, ihn in meine südamerikanischen Kreise einzuführen. Er will dort unten einen Verlag gründen. Die besten Geister verlassen Frankreich, das Land ist nur noch eine alte Mutter, die keine Milch mehr hat, um ihre Kinder zu nähren. Man wandert in die Sonne aus, an einen sicheren Ort. Mich macht das traurig. Von Paris zieht man nach Australien oder irgendwo anders hin, Hauptsache, es liegt nicht auf dem gefährdeten alten Kontinent. Das Ende einer Kultur und eines Zaubers, das Du vorausgesagt hattest, geschieht, und ich glaube, ich sterbe mit ihnen. Es ist traurig, seinen Niedergang zu akzeptieren, dennoch ist die Zeit gekommen, dass Größe und Schönheit resignieren. Aber lieber das als flüchten … Man ruft mich in das sonnenbeschienene Land, in dem ich geboren bin, man drängt mich, dorthin zurückzukehren, aber ich fürchte, ich kann die Hitze nicht mehr ertragen. Ich glaube, dann würde ich lieber Deine Sanddünen betrachten, der Sonne ins Gesicht sehen, wie Du das vermagst. Ich arrangiere die Tulpen zusammen mit Mimosen und stelle sie auf mein Klavier. Heute Abend erwarte ich meine Freunde, ihre Musik, ein wenig menschliche Zuneigung … Wenn ich den Baum vor meinem Fenster ansehe, ist der Frühling ziemlich spät dran, aber in den *Halles* gab es schon viele grüne Zweige, und damit und mit buntem

Papier mache ich mir in meinem Zimmer meinen
eigenen Frühling ...

7

Mein Tonnio, mein Geliebter, Einstein hatte wirklich Recht. Nach einem Mittagessen in New York
hat er die schönste Huldigung an Dich gesprochen,
die man Dir hätte darbringen können. »Ich will keine Rede halten, aber Sie, Pimpernelle, Sie sind die
Frau des Mannes, der die Welt retten wird. Er ist
jung, er ist Mathematiker, er stammt aus einem
Land, in dem er verwurzelt ist, und Sie müssen stolz
auf ihn sein. Außerdem hat er nur einen einzigen
Titel, den eines Mechanikers, und er hat mit Menschen gearbeitet, hat sie beraten und geführt. Ich
versichere Ihnen, dass Sie stolz auf Ihren Gatten sein
werden, weil man ihn als Helden bewundern wird.«
Ja, ich hatte allen Grund, stolz zu sein. Für Dich
war ich die kleine Prinzessin, die Blume, weil Du
immer mit Deinem Gewissen und Deinem Herzen
sprachst, Deine Rose, und Du warst gewiss der Kleine Prinz. »Schauen Sie, mein kleines Mädchen«,
erklärten Sie mir, »wenn ich sterbe, dann ist das
genauso, wie ich im *Kleinen Prinzen* sage: Der Körper ist nichts. Uns bleiben die Sterne, wo ich wohnen werde.« Du wolltest das Mysterium der Welt
wiederfinden, die Kommunikation mit dem Kos-

mos, mit dem Universum, Du wolltest nach Belieben zwischen den Planeten spazieren. Und wenn Du Deine Blume mit Dornen gezeichnet hast, dann nicht, weil ich böse oder angriffslustig gewesen wäre, sondern weil Du, wie Du sagtest, damit meinen spanischen Mut darstellen wolltest, meinen Stolz einer Spanierin ...

Niemand wird unsere Liebe ganz verstehen können. Und wenngleich Du von einer Legion von Bewunderinnen umgeben warst, ich fühlte mich nicht von Eifersucht zerrissen, weil zwischen uns eine tiefe Gemeinschaft bestand, eine außerordentliche Verschmelzung. Selbst wenn Du behauptetest, Freiheit zu brauchen, hat mich das nicht gestört. Du hattest mir eine Liebe geschenkt, die die üblichen Grenzen überschritt, und ich hatte Dir eine ebenso große zurückgegeben. Du erinnerst Dich sicher, wie Du eines Tages nach Hause kamst.

»Mein kleines Mädchen, liebst Du mich?«, fragtest Du mich.

Ich wusste nicht, worauf Du hinauswolltest, und konnte nur ein vages »Sicher, ja ...« antworten.

»Dann komm und setz Dich auf meinen Schoß ...«

»Aber was willst Du denn?«

»Bei der NRF[56] hat mir eine Frau aus der Hand gelesen. Sie ist sehr schön und hat mich an den Händen gekitzelt. Ich habe Lust, zu ihr zu gehen, damit sie mich am ganzen Körper berührt ... Erlaubst Du mir das?«

»Sicherlich«, antwortete ich ihm. »Aber beeil Dich und mach schnell, denn ich will nicht, dass sie Dir zu gut gefällt ...«

»Ah, danke. Ja, das werde ich ihr sagen.«

Du bist gegangen. Früher, als ich erwartete, kamst Du zurück.

»Weißt Du«, sagtest Du zu mir, »diese Frau ist eine Idiotin. Ich habe sie in eine Bar eingeladen, um ein wenig mit ihr zu plaudern, und sie hat sich unglaublich aufgespielt. Sie hatte sich eine Flasche Parfüm übergegossen, dessen Geruch mich fast bewusstlos gemacht hat. Ständig spreizte sie den kleinen Finger ab und zeigte demonstrativ all ihre Brillanten. ›Schön, Madame, gehen wir ins Heu‹, sagte ich also zu ihr. ›Oh‹, gab sie zurück, ›Sie wissen, dass ich Sie liebe, Saint-Ex, aber ich möchte, dass Sie mir zuerst den Hof machen.‹

›Wirklich, Madame‹, sagte ich zu ihr, ›dazu habe ich keine Zeit. Ich danke Ihnen.‹ Und ich bin gegangen.«

Ich habe mich gefreut, Deine Worte zu hören, Tonio, mein Geliebter, weil Du immer zu mir zurückgekommen bist, wo immer Du auch gewesen sein mochtest. »Sieh mal, Pimpernelle«, sagtest Du. »Es gibt nur Dich, weil Du das Brot meines Lebens, das Salz meiner Erde bist und weil Du mich nährst.« Und Du sagtest mir Liebesworte auf Spanisch, diese intimen Dinge. Ausgerechnet Du, der Du Dich dem Englischen widersetzt hast, überhaupt jeder anderen Sprache als dem Französischen, hattest aus Liebe zu mir spanische Worte gelernt. Ich werde immer auf Dich warten, Tonio. Um meinen Schmerz zu lindern, hast Du mir oft geschrieben: »Glaub nicht, wenn man Dir sagt, ich sei gefallen, verschwunden, gefangen. Ich werde zurückkommen.

Bitte, tu nicht dasselbe wie die amerikanischen Frauen, die sich wieder verheiraten und zwei Ehemänner haben, wenn ihr Mann aus dem Krieg heimkehrt.« Ich glaube nichts, mein Gatte, mein Liebster, vielleicht hast Du Dich nur in ein Kloster auf einem anderen Planeten zurückgezogen, von dem aus Du mir bald ein Zeichen geben wirst, wie das Deine Gewohnheit ist, und ich werde sofort die Koffer packen und zu Dir kommen.

8

Paris, undatiert

Ich habe einen Fuchs bei mir, ein Fuchsjunges, das sich hier wohl fühlt, wenn es auch seit einigen Tagen Anzeichen von Nervosität zeigt. Als es schöne spanische Lieder vorgesungen bekam, ist es vor Verzweiflung vom Kaminsims auf den Boden gesprungen. Ab und zu kommt ein sevillanischer Gitarrenspieler mich nach seinem Radioauftritt besuchen und spielt mir meine liebsten Flamencomelodien vor. Nur selten nehme ich mir seit dem Krieg die Zeit, meine geliebte Musik zu genießen. Seitdem Du fortgegangen bist, habe ich mein Leben schlecht organisiert … Ich habe Lust, noch ein paar Skulpturen zu fertigen; gewisse Formen ziehen mich an wie lebendige Menschen und bitten mich um die Gunst, sie zum Leben zu erwecken. Wenn ich zeichne, bringe ich es oft fertig, ihnen Präsenz zu verleihen, und ich denke an die glücklichen Tage von North House, wo Du nach meinem Modell Deine berühmten Illustrationen für den *Kleinen Prinzen* gezeichnet hast. Wir arbeiteten zusammen, voller Liebe und Glück. Damals wolltest Du mir Konkurrenz machen. Du hast mehrere Zeichenschulen besucht und nie einen Kursus zu Ende gebracht. Aus Nachahmungstrieb wolltest Du Farben, und ich habe Dich angeleitet, Dir Ratschläge erteilt. Aber du mochtest meine lebhaften Farben nicht, Du wolltest zarte Töne, »Farben aus meinem Land«, wie Du sagtest.

Ich müsste besonders gut auf all die Zeichnungen Acht geben, die Du angefertigt hast, aber ich habe das Anwesen in der Umgebung von Paris nicht mehr, wo ich mehrere Ateliers und eine große Bibliothek hatte, in denen ich unsere kleinen Kunstwerke hätte aufbewahren können. Immer noch trauere ich La Feuilleraie[57] nach, diesem schönen Haus, und seinem Park, der mit Bäumen aus Japan und Mexiko bepflanzt war. Und eine ganze Mauer voller weißem Flieder und Veilchen war da, eine sehr hohe Wand, die sich wildromantisch mindestens einen Kilometer am Gemüsegarten entlang erstreckte. Aber das ist jetzt alles verschwunden. Die Bäume hat man während des Krieges abgehauen, um Holzgasmotoren zu betreiben, deine Bibliothek ist vollständig geplündert, genau wie unsere Möbel und unser persönlicher Besitz. Ich habe nicht einmal den Mut aufgebracht, den Ort wiederzusehen oder mich nach einer etwaigen Entschädigung zu erkundigen. Lieber habe ich auf alles verzichtet; wenn ich an La Feuilleraie denke, ziehe ich es vor, dass meine Erinnerungen sich mit Deinem Gesicht vermischen, das nicht mehr da ist. Aber das bringt mich auch zum Weinen, und rasch kehre ich an meine tägliche Arbeit zurück, obwohl ich mich nicht rühmen kann, viel zustande zu bringen … Ich habe das Gefühl, mit Händen und Füßen an die Vergangenheit gefesselt zu sein; geduldig warte ich täglich darauf, dass das Licht klar wird, dass der Tag neue Gemälde hervorbringt und mir Deine Rückkehr ankündigt, die doch unmöglich ist. Sollte ich mich vielleicht auf Dauer in einem kleinen spanischen Dorf niederlassen, wo ich nach dreißig Jahren des Exils endlich wieder meine Sprache sprechen könnte? Um mich zu trösten, lese ich zurzeit noch einmal Federico García Lorca, der unübersetzbar ist. Eine andere Leidenschaft ist im Moment Goya. Ich bewundere seine Zeichnungen, vor allem die Kohlezeichnungen, die alle anderen an Intensität übertreffen.

Wenn der Tag zu Ende geht und ich ein paar Stücke Holz im Kamin habe, und wenn ich mir mit meinen Werkzeugen keinen Finger zerkratzt habe, dann zünde ich ein helles Feuer an, genieße ein wenig Frieden und sage mir, dass morgen auch noch ein Tag ist. Oft wünschte ich, das Ende käme bald, aber als gute Christin warte ich ruhig ab. Häufig versagen mir die Nerven, weil ich kein Theater mehr spielen kann. Mir bleibt der Bleistift, wenn meine Hände nicht faul sind, und wenn nicht, dann nutze ich die Gelegenheit, um Ihnen zu schreiben. Für heute schließe ich, mein Geliebter.

9

Du liebtest es, wenn ich Dir Geschichten aus meiner
Heimat erzählte. Du sagtest, ich sei eine richtige
Geschichtenerzählerin, ich erfände unerhörte Mär-
chen voller Poesie, wie Du sie liebtest. Mit acht Jahren kannte ich wie der Kleine Prinz die Namen der
Sterne und war bewandert in Erdkunde, Botanik und
Zoologie. Ich führte ein ganz unbekümmertes Leben,
genau wie Du es mir später bereitet hast. In El Salvador lebten wir wie die Vögel auf dem Ast, immer
den plötzlichen Revolutionen ausgesetzt, die uns einmal reich und einmal arm machten. Mein Vater, der
Oberst war, wurde eines Tages von den Leuten, die
den Präsidenten gestürzt hatten, ins Gefängnis gesteckt. Meine Mutter hatte keine andere Wahl, mit
ihrer Kinderschar und ihren Dienstboten stand sie
auf der Straße ... Da ist Consuelo Vorleserin bei
einem blinden reichen Mann geworden! Dank eines
Preises im Gedichtvortragen, den ich einige Monate
zuvor gewonnen hatte, las ich meinem Arbeitgeber
fast ein Jahr lang die unglaublichsten Romane und
Theaterstücke vor, und so konnten meine Brüder und
Schwestern in einem kleinen Hotel logieren und sich
satt essen, bis zur nächsten Revolution, aus der die
Partei meines Vaters als Sieger hervorging ... Und
alles begann von vorn. Aber ich hatte unterdessen
gelernt, dass nur das überdauert, was man sorgsam
in sich hütet: Liebe, Treue, Achtung. Dasselbe tue ich
jetzt, da Du nicht mehr da bist: Ich bin die Hüterin

Deines Tempels, deiner Wohnstatt, deines Dorfes, ich wache über Dein Haus.

Ich weiß, dass man sich an jede Art zu leben gewöhnen kann. Traurig ist das, aber das harte Gesetz des Lebens. Ich beginne zu arbeiten, ich diktiere ein wenig, aber mit großer Mühe, wälze etwas hin und her, das später vielleicht einmal ein Buch wird. Wozu das gut sein soll? Zaghaft sage ich mir, dass ich an meine alten Tage denken muss, sollte der Himmel mir erlauben, alt zu werden. In Paris fühle ich mich mehr denn je von Unruhe erfüllt. Die Nachkriegszeit ist trist und düster. Werden wir uns am Rande des Abgrunds drehen, bis wir hineinstürzen? Halten wir aus, widerstehen wir …

So gern möchte ich das Versprechen halten, das ich mir selbst gegeben habe, gelassen zu bleiben, weiterzuleben, meinen Freunden ein friedliches Lächeln zu zeigen. Oft weine ich vor Erschöpfung. Dann spiele ich mit Blumen und Blättern, und ich singe. Ich möchte mich an den Frühling in meiner Heimat erinnern, der so anders ist als hier. Nach jedem Unwetter kam ein neuer Frühling. Ich hörte die Blätter an den Bäumen wachsen, der Duft der schwarzen Erde stieg den Frauen und Kindern zu Kopf, und wir besangen die Rückkehr der schönen Tage. Ich erinnere mich, als wäre es gestern gewesen, ich höre mich als Kind weinen. Aber in Paris sind die Tränen nicht dieselben. Hier lebe ich allein, ich umgebe mich mit jungen Leuten, alten Leuten, Brünetten und Blonden, Hunden, Vögeln, Büchern, Telefonen, Tarotkarten, Skulpturen und Gemälden, mit Federhaltern, Stickereien, Schmuck und unbeschriebenen Heften, die mir Angst einjagen, weil ich gern über das Leben der Frauen schreiben möchte, die nicht mehr nach Hause zurückkehren können, den Exilantinnen des Lebens. Ah, wie schade, dass ich nicht ruhig im Schatten des Atlas sitze und mir von den schönen Landschaften meiner Kindheit erzähle! Ich würde am Fuß einer Palme bei einer Deiner Ziegen kauern und zusehen, wie Dein Garten wächst, und ein Tag würde dem anderen gleichen, langsam würden sie sich aneinander reihen wie die *Aves* auf einem Rosenkranz in einem Kloster ...

Mich bekümmern die großen rosafarbenen Kastanienbäume in der Avenue Henri-Martin. Sie sterben, weil niemand sie pflegt. Die Liebe zu den Bäumen, die Liebe zur Schönheit schwindet. Niemand gibt etwas darum, wenn die rosafarbenen Straßenbäume sterben.

Ich ruhe mich aus, während ich mit Dir spreche. Ich durchlebe düstere Nächte, in denen ich versuche, das Gewicht meiner Stunden mit Dir zu teilen, in diesem heiligen Jahr, in dem doch alle Teufel in uns fahren, ohne uns auch nur ihren Namen ins Ohr zu flüstern ... Ich sehne mich so sehr nach Frieden, diesem Frieden, der noch heute bedroht ist. Ich brauche wirklichen Frieden. Eines Tages zu beschließen: kein großes Leiden mehr, nur noch frische Freuden. Ich widme mich meiner Bildhauerei, das tröstet mich zumindest. Mein Salon ist voll mit Büsten von Dir ... Die Blättchen, die an dem großen Baum in meinem Garten sprießen, geben sich kleine Küsse. Ich habe ein Klavierstück komponiert, das ich

»*Figuig*« genannt habe. Ich widme es der Sahara, Dir. Ohne Dich sterbe ich langsam, und ich frage mich, warum ich nicht mit einem kleinen Schubs nachhelfe ... Aber meine Ersatzflügel sind noch nicht bereit ... Im Traum fliege ich durch das Fenster in mein Büro, ich überprüfe den Zustand des Dachs über unserem Zimmer, ich gehe Hand in Hand mit Dir spazieren, auf der Suche nach Gott. Vielleicht liegt der Keim meiner Weisheit darin, ganz einfach gelassen zu bleiben, bis zum Augenblick meines Todes. Ich habe keine Ahnung, wie ich dann mit all meinen Röcken in den Garten gelangen soll, den Du für mich bereitet hast. Trotzdem bin ich entschlossen zu kommen, weißt Du, und Du wirst sicherlich nicht erstaunt über meine Ankunft sein, selbst wenn ich in der Gestalt einer Kaskade süßen Wassers erscheine, was die Araber verblüffen würde. Aber Du wirst wissen, dass auf diese Weise Consuelos Zärtlichkeit für Dich und die elf Palmen in unserem Garten sichtbar wird ...

Für den Moment versuche ich, in Gedanken Dein Kommen und Gehen zwischen Deinem Haus und unserem Garten zu verfolgen ... Aber oft verliere ich Dich, so wie ein kleines Mädchen den Flug eines Schmetterlings oder eines Blütenblatts aus den Augen verliert. Das Leben ist immer gegenwärtiger als alle Fantasie. Ich habe noch nicht die Kraft aufgebracht, nach Südfrankreich zu fahren und ein Bett in meinem neuen Heim aufzustellen.[58] Ich bin des Lebens müde, Tonio, mein Herz ist schwer, meine Ideen ebenfalls und mein Körper noch mehr. Beim Ruf der Erde zu erwachen, heißt, meine schmer-

zenden Knochen, meinen Husten, meine Trauer zu
spüren, all das ist nur der Morgen meiner letzten
Stunde, und ich habe meinen Sarg noch nicht
gekauft. Ach, welchen Wert wir doch auf die letzte Stunde legen! Niemals hat man seine letzten vier
Kerzen und das weiße Leintuch, in das man uns
ordentlich einwickeln wird, gut genug vorbereitet.
Sollte der Himmel mir das Geschenk zuteil werden
lassen, mich zu sich zu nehmen, bevor ich noch
einen neuen Krieg erleben muss, der uns bedroht,
dann werde ich einen Strauß aus Küssen am Fuß
des Altars niederlegen, um ihm zu danken, dass ich
mit Dir vereint werde.

10

Paris, undatiert

Ich schicke Dir etwas, das ich meine »Flaumfedern«
nenne, winzige Fragmente, die ich in Gedanken an
Dich geschrieben habe. Sie sind so leicht, so einfäl-
tig, dass sie davonwehen wie Federn im Wind, aber
sie tragen mich zu Dir.
– Wohin gehe ich? Man wird sehen. Das Wichtigste ist der Weg, der zum Schatz führt. Keine wahre Muße, kein wahres Glück ohne Arbeit, ohne
Mühsal und Leiden.
– Und warum, wirst Du mich fragen, willst Du,
Schildkröte, im Zustand der Gnade zu den Wolken
fliegen, ohne zu leiden, ohne jedes Gewitter?

– Wenn dieses Leben nicht seinen Kalender, seinen Gärtner und seine vier Himmelsrichtungen hat, existiert es nicht. Und dennoch bist Du alles zugleich gewesen.

– Eines Tages wird man uns für die Vergeudung von Lichtern, die Vergeudung von Sternen, für die Vergeudung von Farben und Harmonie strafen, die wir nicht in unserem tiefsten Inneren zu bewahren wissen.

– Ich habe weniger Angst zu leiden, wenn ich meinen Kopf an die Schulter Gottes legen kann.

– Heute fühle ich mich entkleideter durch die Teilhabe an der Vergangenheit, die Teilhabe, die wir einander zugestanden haben. Nach Dir neigen sich die Stunden dem Grab zu.

– Das Einzige, was wir verloren haben, ist die Zeit, die wir mit unserem Zorn und unseren Klagen vertan haben. Man hätte diese Zeit retten und stattdessen irgendetwas anderes schaffen sollen, einen Tisch, einen Brief, ein Liebeslied …

– Der Adidi ist ein winzig kleiner Vogel, der vom Himmel kommt, um den Frauen, die im Harem eingesperrt sind, Gesellschaft zu leisten … Für Dich bin ich Dein Adidi gewesen.

Paris, undatiert

Ich erinnere mich an einen herrlichen Tag, an dem
ich *Nachtflug* in allen Schaufenstern der Champs-
Elysées sah. Das war während einer unserer Ur-
laubswochen; wir hatten drei davon pro Jahr. Welche Freude, mit Dir spazieren zu gehen! Ich machte
immer ganz kleine schnelle Schritte, denn um Dir
wenigstens bis zur Schulter zu reichen, trug ich hohe
Absätze, und Du tatest Riesenschritte, für deren
einen ich immer vier machen musste! Ich hüpfte wie
eine Heuschrecke, und das amüsierte Dich. Du sagtest zu mir: »Hör mal, lass mich vorgehen, und dann
rennst Du zu mir.« Das tat ich, und die Leute dachten, wir wären ein bisschen verrückt.

»Die Saint-Exupérys sind nicht wie die anderen«,
hieß es. »Wenn man sie einlädt, muss man wissen,
dass Saint-Ex drei Tage lang nichts gegessen hat.
Denn entweder schreibt er die ganze Zeit, oder er
sitzt im Flugzeug. Auf jeden Fall isst er nicht, er verbringt Stunden auf seinen Nachtflügen, wenn er sich
nicht verirrt und eine ganze Woche lang fortbleibt!
Wenn er dann einmal isst, setzt er sich zu Mittag an
den Tisch, und um Mitternacht sitzt er immer noch
da. Für ihn brauchen wir ein Kaninchen, ein Stück
Geflügel und ein dickes Stück Fleisch ...«

Erinnerst Du Dich an Deine Tante aus dem Fau-
bourg Saint-Honoré? Eines Tages sagte sie zu Dir:
»Allen hast Du Deine Frau vorgestellt, nur zu mir
bist Du nicht gekommen. Zu Deinen Ehren werde

ich ein richtiges Festessen ausrichten. Wann kommst Du?« Und Du sagtest zu mir: »Schön, dann lernst du die Tante X kennen ...« (Ich erinnere mich nicht an den Namen, sagen wir Tante Yvette oder Tante Simone, sie hatte einen sehr aristokratischen Namen, sehr französisch.) Wir sind über die Dienstboten- treppe hinaufgegangen, und sobald Du den Duft gerochen hast, der aus den drei oder vier Töpfen auf dem Herd aufstieg, hast Du zur Köchin gesagt:

»Wir werden ein wenig von diesen Gerichten kos- ten, meine Frau und ich, gleich hier in der Küche.« Tante X befand sich derweil im Salon und empfing unsere Freunde. Sie hatte Piloten eingeladen, Mer- moz, Guillaumet. Maria Marquès war da, die zu dieser Zeit einen kleinen Flirt mit einem der Piloten hatte. Und währenddessen hast Du in der Küche die ganze Mahlzeit verschlungen. Schließlich waren nur noch die Desserts übrig. Ich war außer mir, aber Du meintest: »Beweg Dich nicht von der Stelle.« Als Du satt warst, hast Du noch gesagt: »Ich hätte gern von dem einfachen Wein, den Sie, die Dienstboten, hier trinken.« Und Du hast den groben Roten getrun- ken. Die Dienstboten waren wie vom Donner ge- rührt. Du hast den Durchgang, der von der Küche in den Korridor und dann in den Salon führte, abge- schlossen, und sobald Du alles verschlungen hattest, bist Du endlich zu Deiner Tante gegangen. »Immer kommst Du zu spät«, bemerkte sie unschuldig zu Dir. »Dabei hattest Du mir doch versprochen, die- ses Mal pünktlich zu sein.«

»Wissen Sie, Tante, ich habe schon gegessen«, sag- test Du.

»Aber wie denn das?«

»Ich bin durch den Dienstboteneingang gekommen, und als ich an der Küche vorbeiging, da roch es so gut, dass ich nicht widerstehen konnte und alles aufgegessen habe.«

»Das ist doch nicht möglich, Antoine, Du machst wohl Witze. Erzähl keinen Unsinn.«

»Doch, doch, Tante. Klingeln Sie nach einem Ihrer Diener, und er wird Ihnen alles erzählen.«

Die Tante rief den Oberdiener. »Hat Monsieur de Saint-Exupéry schon in der Küche gegessen?«, fragte sie ihn. »Ja, Madame, er hat das ganze Kaninchen gegessen, er hat die ganze Pâté gegessen, sämtliche Austern und sogar den Käse. Ein ganz kleiner Rest ist noch übrig.« Die Tante war blass geworden beim Gedanken an ihre fünfzehn Gäste, die nichtsahnend ihren Portwein oder Whisky tranken. »Hören Sie, Tante«, sagtest Du da. »Regen Sie sich nicht auf. Ich habe an alles gedacht. Ich habe schon eine Bestellung aufgegeben. Man wird Ihnen von ›Chez Fauchon‹ eine schöne Gänseleberpastete bringen, Kaviar und auch Hühnchen, die allerdings kalt sind. Es gibt verschiedene Vorspeisen, außerdem einen Korb Austern und gekochte Langusten.«

Genau in diesem Moment hörte man ein langes Klingeln. »Da sind ja die Lieferanten, die ich per Express bestellt habe«, hast Du ausgerufen. Und richtig, unten stand ein Lieferwagen, und man brachte das Essen herauf. Als Du Dich auf die Langusten gestürzt hast, konnte Deine Tante sich gar nicht darüber beruhigen, dass Du so viel Essen zu dir nehmen konntest. »Dir wird noch schlecht werden, Antoine.«

»Aber nein, Tante. Dafür esse ich morgen nichts, meine Frau kennt das schon. Ich werde Tee trinken, und da ich in zwei Tagen nach Alicante und dann weiter nach Casablanca reise, habe ich Zeit genug zum Verdauen.« In diesem Moment stand Maria Marquès auf. »Sie dürfen nicht abreisen, ohne mir ein Kind gemacht zu haben«, sagte sie. Das Essen war zu Ende, und ich sah diese Frau an, die so groß, so schön und jung war, dass ich nichts zu sagen wagte. »Verstehen Sie«, setzte sie hinzu, »Sie sind genauso groß wie ich, wir werden ein sehr schönes Kind zeugen. Sie werden doch nicht eifersüchtig sein, oder, Consuelo? Ich nehme ihn Ihnen nur für ein paar Tage weg, aber ich möchte unbedingt ein Kind von ihm.«

»Ach was, Mermoz schafft das genauso gut wie ich«, hast Du darauf gesagt. »Und er hat ein bisschen mehr Zeit, weil er Aufklärungsflüge unternimmt und ich nur ein kleiner Linienpilot bin. Ich bin ein Pionier. Wissen Sie, was ein Pionier ist? Das ist ein Pilot, der ganz allein entscheidet, wo er landet. Ich werfe Leuchtraketen ab und sehe, ob man dort gut aufsetzen kann; manchmal irre ich mich, aber dann fange ich von vorn an. Ich esse mit den Männern aus der Gegend, wir ebnen zusammen das Terrain ein, und dann beginnen die Flugzeuge zu landen. So macht man einen Flugplatz, einfach aus dem Boden gestampft.« Deine Tante war immer noch ganz aufgeregt. »Wirklich, Neffe, Sie sind ein richtiger Vielfraß geworden.«

Du hattest nicht den geringsten Sinn für Geld, hast nie gewusst, was das bedeutete. Niemals hast Du den Wert des Geldes begriffen. Du hattest die Gewohnheit, das Essen für alle zu bezahlen, ob das nun bei Lipp war oder im Deux Magots, Antoine de Saint-Exupéry übernahm grundsätzlich die Rechnung. Sagen wir einmal, mein Liebster, dass ich Dir ein wenig geholfen habe. Ich war reich, das hatte ich ein wenig vor Dir verheimlicht, aber ich konnte alles zahlen, wenn du bei Fouquet oder anderswo in der Kreide standest. Meine Mutter hatte sich wieder ein kleines Vermögen aufbauen können und schickte mir über das salvadorianische Konsulat regelmäßig dreitausend Dollar pro Monat. Ich verschwieg Dir die Summe und sprach nur von tausend, denn Du hattest ein so großzügiges Herz, dass Du in jedem Freund ein Familienmitglied sahst und für alle bezahltest. Du wusstest nicht, wann oder wie ich an dieses Geld kam, Du hast mir keine Fragen gestellt, aber Du wusstest, dass Du immer abgesichert warst. Und ich zahlte Deine Schulden, weil ich Dich liebte.

Wegen Deiner Tränen, die ich im Flugzeug in Buenos Aires, bei unserer ersten Begegnung, über Dein Gesicht rinnen sah. Ich wollte Dich nicht küssen, wie Du es mir befohlen hattest. »Ich weiß, warum Sie mich nicht küssen«, sagtest Du. »Der Grund ist, dass ich zu hässlich bin.« Und das erinnerte Dich an Deine Tante. Eines Tages war sie zu euch nach Saint-Maurice-de-Rémens eingeladen und bemerkte spöttisch zu Deiner Mutter: »O mein Gott, wie hässlich Antoine ist, wie hässlich!«

Das hatte Dich derart geprägt, dass Du immer davon sprachst. An diesem Tag trugst Du begeistert eine grün und gelb gemusterte Krawatte, die Tante Tricot Dir geschenkt hatte, aber im Allgemeinen können Frauen keine Krawatten für Männer aussuchen.

Du hast mir auch von Deiner Mutter erzählt, die so darunter litt, dass sie ihren Mann so früh verloren hatte, und die ihre fünf Kinder ganz allein hatte großziehen müssen. »Mein Vater«, sagtest Du zu mir, »hatte ihr kein großes Vermögen hinterlassen, und die Tante Tricot hat uns im Schloss von Saint-Maurice aufgenommen, in der Nähe von Lyon, und wir sind alle neben unserer kleinen Schwester Madeleine aufgewachsen, die krank war, aber einen so außerordentlichen Sinn für Poesie hatte, dass sie mit Hilfe meiner Mutter ein Buch mit Gedichten über die Vögel, den Wind und die Bäume schrieb, denn der Park war wirklich ein Teil unserer Kindheit. Dort habe ich auch ein kleines Theaterstück geschrieben. In meinem Zimmer hatte ich eine große Truhe, und dort habe ich meine ›erloschenen Sonnen‹ eingeschlossen.« Ich weiß nicht mehr, ob Du »erloschene Sonnen« sagtest oder »tote Sonnen«; eher war es »erloschene Sonnen«, ja, ich bin mir sicher. Jetzt ist es ganz klar in meiner Erinnerung.

Es waren glückliche Zeiten, wenn Du mir das alles erzähltest. Sicher, wir hatten unsere Streitigkeiten, aber all das ist jetzt vergessen, mein Geliebter. Deswegen lese ich immer wieder den Brief, den Sie mir kurz vor Ihrer Abreise geschrieben und durch Thérèse Bonnet haben überbringen lassen, und ich küsse ihn, weil er immer noch ein wenig von Ihnen birgt.

Einmal baten Sie mich um Verzeihung und erklärten mir, all unser Streit sei Ihre Schuld. Der Grund sei die Gruppe um Madame E. und die NRF, die glaubten, ich sei nicht wert, Ihre Gefährtin zu sein, weil ich in ihren Augen nur eine Frau war, die Szenen machte und keine Gattin, die würdig sei, Ihre schöpferische Tätigkeit zu unterstützen und ihr zu dienen. Sie erklärten mir, Sie hätten eine einfache Entschuldigung gesucht, wenn Sie sich davonmachen wollten, um zu arbeiten: »Lassen Sie mich nach Hause gehen, sonst macht meine Frau mir eine Szene, die bis zum Morgengrauen dauern kann.«

»Und Sie wussten ganz genau, Consuelo«, sagten Sie mir, »dass ich nicht heim zu Ihnen gegangen bin. Ich ging in irgendein Bistro, oft in die lautesten und überfüllten. Mein Lieblingszeitvertreib war, in diesem Lärm alles um mich herum zu vergessen. Ich spielte an diesen Münzautomaten, um ein bisschen Kleingeld zu gewinnen, und ich sagte mir: ›Das wird meiner Frau Spaß machen.‹ Nachher lief ich stundenlang, dann ging ich Pierre und Paul besuchen, und schließlich kam ich ganz bleich zu Ihnen nach Hause, wo Sie mich erwarteten, oft erst am darauf folgenden Tag gegen Mittag ... Sie sagten nichts, auch Sie waren blass, unser Hund war traurig, und das Leben begann von vorn. Aber damals stand der Krieg bevor, verzeihen Sie mir, ich fürchtete die Mobilisierung. Ich wusste selbst nicht, was ich denken sollte, und Sie, meine Liebste, hätten mir sicher auch keine Klarheit vermitteln können, und all diese Minister noch weniger. Trotzdem danke ich Ihnen für Ihr Gespür; in Ihren Briefen rieten Sie mir, mich nicht mit der Vichy-Regierung einzulassen, keinen Ministerposten dort anzunehmen. ›Wenn Sie Minister werden, reise ich sofort nach El Salvador ab‹, drohten Sie mir sogar.«

Heute danke ich Ihnen, mein Geliebter, weil Sie auf mich gehört haben, und auf unseren Freund Serge Victor, der uns auf den richtigen Weg gebracht hat. Erinnern Sie sich nur, wie freundlich er während des Exodus in Pau gewesen ist. Pau ... mein Gott ... wenn ich daran denke ... Kurz zuvor waren Sie zum Schloss La Feuilleraie gekommen, wo ich mir einen Zufluchtsort für die Dauer des Krieges geschaffen hatte. Sie hatten mir geholfen, die Keller mit Tonnen von Reis, Bohnen und Getreide zu füllen, Sie hatten das Unmögliche möglich gemacht, um Kohle für mich aufzutreiben; Sie hatten sogar gratis Reportagen für die Zeitung *L'Intransigeant* geschrieben, nur damit man mir dafür in unserem großen Zimmer die Zentralheizung einbaute. Oh ja, mein Lieber, an all das erinnere ich mich, und daran, wie ich fortmusste. Eines Tages kamen Sie auf dem Fahrrad herbeigeeilt. »Consuelo«, sagten Sie, »alles ist aus, die Deutschen stehen vor den Toren von Paris. Uns bleiben kaum vierundzwanzig Stunden, um zu fliehen. Ich möchte nicht, dass Sie als Geisel genommen werden, weil man dann Druck auf mich ausüben kann, und für Sie bin ich zu allem fähig. Packen Sie, brechen Sie sofort auf, fahren Sie nach Pau, den Ort, an den die Deutschen ihr Gold bringen. Sie führen Krieg, aber das Gold greifen sie niemals an. Gold ist das Blut, das in ihren Adern fließt und den Krieg nährt. Sie transportieren das Gold aus ganz Frankreich, aus den französischen Banken, mit Lastwagen dorthin.« Während Sie sprachen, packte ich meine Mäntel und meine hübsche Wäsche zusammen. Ich hatte drei Koffer und rannte damit hinunter zur Garage. Dort standen Sie, Ihre schönen Hände in die Hüften gestützt, und lachten. »Aber mein armes Kleines, meine Goldfeder, meine Pimpernelle, denken Sie nicht einmal daran.« Und Sie haben mit Ihren kräftigen Tatzen meine drei Koffer aufgerissen und meine Hermelinmäntel, meine Zobel, meine Nerze, meine feine Wäsche und meine goldenen Armbänder auf den Boden geworfen. »Stattdessen würde ich das hier einpacken«, sagten Sie und zeigten mir kleine Benzincoupons. Und dann setzten Sie noch hinzu: »Erschrecken Sie sich vor nichts, fahren Sie nach Pau, weil Sie dort einen Brief von mir bekommen werden. Selbst wenn das der einzige Brief sein sollte, der Pau erreicht, sollen Sie ihn bekommen. Denn ich, das wissen Sie, fahre über Bordeaux nach Algier. Und von Algier schicke ich ein Flugzeug mit Ihrem Brief los, der nach Pau adressiert ist. Gehen Sie nur jeden Tag standhaft zur Hauptpost von Pau. Bestimmt werden da viele Frauen wie Sie sein, die warten, viele Verlobte, viele zukünftige Witwen, die auf einen Brief warten. Aber Sie, das verspreche ich Ihnen, werden Ihren Brief bekommen.« Und das stimmte, Tonio. Ja, ich habe ihn bekommen, meinen Brief. Einige Zeilen daraus habe ich auswendig gelernt, aber ich möchte sie nicht alle Augenblicke wiederholen. Sie sind wie ein geheimes Gebet, das im Moment am Grunde meines Grabes ruht.

Ich hoffe Dich wiederzusehen, ja, mein Liebster.

12

Oh Du mein Erzengel, Du, der Du dem Wind, dem Himmel und den Sternen angehörst, Carrillo musste sterben, damit ich Dir begegnen konnte. Er war mein Vater, mein Meister, er war die ganze Welt für mich. Niemals hatte ich einen so klaren, so großmütigen Mann getroffen, dem ich mich so nahe fühlte. Er hatte mich adoptiert, seit er mich zum ersten Mal sah. Er hat alles für mich getan, ohne etwas dafür zu verlangen, nicht einmal meinen Körper. Erst meine Freundin Sélisette, Maeterlincks Frau, drängte mich dazu, mich ihm hinzugeben.

Nach seinem entsetzlichen Hirnschlag streckte ich mich neben ihm aus und glitt unter die Decken. Er fühlte sich kalt an. Ich konnte nicht schlafen. In der Nacht bin ich leise aufgestanden und habe Doktor Lima, der im Salon saß, gesagt, etwas stimme nicht. Der Arzt ging hinein und sagte: »Er ist tot.« Mit meinen Tränen und meinen Händen habe ich Carrillo die schönen Wimpern, die schönen Lider geschlossen. Ich habe mich wieder neben ihn gelegt, das schenkte mir Ruhe. Noch einmal dachte ich an die Worte, die er vor seinem Tod zu mir gesagt hatte: »Liebste Consuelo, eines Tages werden wir über all das lachen. Ich habe weiße Haare, und mein Herz ist müde. Ich lebe für Dich. Zu gern möchte ich mit Dir eine große Reise nach Marokko unternehmen. Ich habe die Fahrkarten schon, und es wird Dir gefallen, weil es dort vor allem heiß ist. Zu heiß für mich, aber Du wirst begeistert sein. Die Früchte sind dort sehr reif, und bei den Stämmen im Atlas werden wir Lieder hören, die den spanischen ähneln.« Nach dem Tod meines teuren Enrique haben die Maeterlincks sich meiner angenommen. »Ich habe das Gefühl, dass sie ganz allein ist«, sagte Sélisette, »jetzt muss sie erwachsen werden.« Bis mir schwindlig wurde, habe ich die großen Artikel gelesen, die nach seinem Tod erschienen und so des Lobes voll für ihn und seine ehemalige Gefährtin Raquel Meller[59] waren, die Begeisterung, für die sie auf der Bühne sorgte, ihre goldene Stimme, die aber auch ihren unmöglichen Charakter erwähnten, denn Enrique legte großen Wert auf gute Manieren, und Raquel besaß nichts davon. Sie war unter Katalanen aufgewachsen, vollständig frei, wie ein kleiner Wildfang. Und auch von mir sprach man in diesen Artikeln, von seiner jungen Frau, die aussah, als sei sie die Tochter von Raquel Meller. Eines Tages kam ein argentinischer Konsul zu mir und sagte: »Hören Sie, Madame Carrillo, Sie sollten sich entscheiden, die Einladung nach Argentinien anzunehmen.« Ich hatte seit Wochen keine Post mehr geöffnet. »Halten Sie Vorträge über Gómez Carrillo, über Ihre Freunde D'Annunzio[60], Maeterlinck, über all die zeitgenössischen Dichter, die Sie kennen. Man wird Sie wie eine kleine Königin empfangen, denn der König von Argentinien[61] verehrt das Werk von Enrique Gómez Carrillo, aber nicht nur er, sondern ganz Südamerika liebt ihn.« Ich beschloss, gleich am nächsten Tag abzureisen, und rief meinen Freund, den Konsul, an. »Alle Papiere liegen bereit«, erklärte er. »Sie fahren zusammen mit einigen Professoren, Benjamin Crémieux und anderen. Auch eine Frau ist dabei, Madame Meunier. So haben Sie eine Freundin an Bord und werden sich unter den Professoren, die alle sehr alt sind, nicht allein fühlen. Sie werden sehen, Crémieux ist ein sehr sanfter und sympathischer Mensch.« Tatsächlich, von dem Moment an, da ich das Schiff betrat, nahm Crémieux mich unter seine Fittiche, und vor allem dank seiner Weltläufigkeit, seiner Sensibilität, seiner Bildung und Lebensklugheit konnte man mit ihm ebenso gut über den Tod wie über Engel, über Farben wie über Schiffe sprechen. Er vermochte allem gleich einen Reiz zu verleihen, für ihn sprudelte das Leben in Fluten wie ein Wasserfall, wie die Niagarafälle. Ich war hingerissen von seiner Freundschaft; ich fühlte mich nicht mehr allein. »Wissen Sie, Crémieux«, sagte ich zu ihm, »ich bin keine Frau, die dem Andenken ihres Gatten untreu wird, aber ich finde Sie bezaubernd …« Er war wie Sie, er konnte über jedes Thema sprechen, vom Regenbogen bis zu den Tauben, denen wir auf unserem Fenstersims Futter gaben. Alles war eine Quelle der Zukunft, der Existenz, das war das echte Leben, und mit Ihnen ist es das Gleiche …

Wir trafen in Buenos Aires ein, ich sprach mit jenen Herren, ich informierte mich jeden Tag über die verschiedenen Länder, die wir bereisen würden, über die Probleme, die Frankreich und Europa erschütterten. Ich amüsierte mich damit, mir meine ganze Geschichte seit der Eroberung Mittelamerikas wieder ins Gedächtnis zu rufen, die Geschichte, die mein Schwiegervater Don Augustino Gómez Carrillo d'Albonoz geschrieben hatte, und die Leute sagten zu mir: »Sie müssen wirklich die Tochter eines Inka sein.« Auf dem Weg nach Buenos Aires empfing man mich in der Casa Blanca, dem Haus, in dem man die offiziellen Gäste der Regierung unterbrachte. Man stellte mir eine luxuriöse Wohnung zur Verfügung, der Innenminister kam persönlich, um mich zu treffen, Fotografien von mir erschienen in allen Zeitungen, und ich bekam herrliche Rosensträuße, die fast größer waren als ich selbst. Ich dachte an Carrillos Rat: »Wenn ich einmal nicht mehr bin, dann möchte ich nicht, dass Du Schwarz trägst. Kleide Dich in Weiß, in Grau, in Beige, aber ich möchte nicht, dass Du in Schwarz gehst. Der Gedanke würde mich betrüben.« Also hatte ich violette und beigefarbene Kleider eingepackt, und ich erinnere mich, dass ich gegen die Kälte einen Zobelmantel mitgenommen hatte, denn wir trafen zu einer Jahreszeit ein, in der es nicht besonders warm war. Ich hatte eine Menge Koffer mitgebracht. Ich verfügte über eine persönliche Zofe, einen Chauffeur, und ich wusste mich der ganzen Aufmerksamkeit, mit der man mich überschüttete, kaum zu erwehren. Und so bin ich Dir begegnet, mein Tonio, mein

Geliebter. Crémieux lud mich in die Alliance Française ein, ein französisches Kulturinstitut, wo man
ihm zu Ehren einen Cocktail gab. Ich ging in dem
festen Entschluss dorthin, nur ganz kurz zu bleiben.
In dem Moment, als ich gehen wollte, kamst Du und
hast mich seitdem nicht mehr allein gelassen.[62] Deswegen bin ich auch heute, da Sie vermisst werden,
nicht vollständig allein. Ich glaube nicht, dass Sie
fort sind, denn ich spüre Ihre Gegenwart, Ihren
Blick, der auf mir ruht. Und ich erinnere mich, dass
Du mir sagtest: »Erzähl mir Geschichten.« Ich
erzähle sie, mein Tonio, meine Geschichten. Du
kennst sie auswendig, aber ich weiß, dass Du sie
immer wieder gern hörst.

13

Aus Italien, 1952–1954 (?)

Für kurze Zeit konnte ich das Band zerschneiden,
das mich an meine französischen Sorgen fesselt, und
hier stehe ich, die Haare im Wind, ein Glas in der
Hand, und trinke inmitten der Menschenmenge
von Montecatini das wundertätige Wasser. Wie in
Lourdes fürchte ich mich vor diesen vielen Menschen aus allen Nationen, die im Gänsemarsch aus
den zum Bersten überfüllten Hotels quellen. Eine
Masse aus Priestern, Nonnen, alten Frauen und jungen Mädchen, die geduldig auf- und abgehen, während sie darauf warten, dass das Glas Wasser Wir-

kung zeigt, um dann eilig zu den Toiletten zu laufen ... Aber Italien ist immer wieder ganz bezaubernd. Die Italiener singen, und sie tanzen beinahe, während sie ihre Arbeit verrichten, ihre Tiere baden, Fliegen totschlagen und schwitzen. Die Preise sind hier um ein Drittel niedriger als in Frankreich. Schade, dass ich derart Feuer für Frankreich gefangen habe, sonst hätte ich mich gern in Italien niedergelassen ... Hier versuche ich, mich von innen heraus zu verschönern.

Was würdest Du sagen, wenn ich begänne, kleine einfache, wahre Romane zu schreiben ... Die Wahrheit bringt das Blut in Bewegung. Aber ich werde nicht hier anfangen. Die Schlammbäder riechen zu schlecht, die Häuser sind zu modern, und dabei liebe ich doch die alten, furchterregenden Gemäuer, ein spanischer Atavismus!

Ich habe *Mont-Cinère* von Julien Green ausgelesen. Das Buch dreht sich um die krankhafte Liebe zu Häusern. Es ist gut geschrieben, wenn auch für meinen Geschmack ein wenig verworren. Ich liebe es, Wege auszukundschaften, alle, meinen eigenen, den meines Herzens, der zu Dir führt, zum Herrn der Sterne. Ich werde alt, Wolken ziehen auf, und mein Himmel wird nach und nach ganz finster. Am Morgen jedoch bin ich immer noch bereit für den Kuss des Lichts, wie eine gute reife Frucht, genau richtig für die Saftpresse oder die Kompottschüssel der Welt. Ich glaube an die Morgenröte.

An meinem Fenster strahlt ein Rosenbusch in einem Topf vor tiefroter Freude. Die Hügel von Montecatini sind von der Nacht rein gewaschen, die grünen Läden an den kleinen Häusern sind noch geschlossen, und ich allein zähle die Bäume bis zum blauen Gebirge in der Ferne. Vor fünfzehn Jahren war ich in Florenz glücklich, und heute kehre ich zurück, um dort einen Vortrag zu halten. Du hast Recht, das Leben ist schon merkwürdig, es hält uns an den Haaren gepackt. Aber zu leben um des Lebens willen ist herrlich.

14

Paris, undatiert
(Anfang der fünfziger Jahre)

Seit Du fort bist, habe ich alles verloren. Meinen Schmuck, das Schloss La Feuilleraie. Ich bin ganz allein, meine Freunde sind fort. Nur noch die sind übrig, die ihre Schlösser und ihr ganzes Vermögen gerettet haben, während ich von Anfang an in dieser Avantgarde-Gruppe in Oppède Widerstand geleistet habe. Du kannst stolz auf mich sein, Derain und Picasso haben mir geholfen. »Wir werden Dich unterstützen, aber vergiss das Zeichnen«, sagten sie zu mir. »Mal in Farbe, wie es Dir gerade einfällt.« Und dank ihres Rates habe ich mich fröhlichen Herzens daran gemacht. Die Bilder sind sehr schön geworden, weißt Du, ich habe Ausstellungen in Zentralamerika veranstaltet, und in den Vereinigten Staaten habe ich alles verkauft. Ich habe Träume gemalt; ein wenig Realismus war sicher auch dabei.

Aber die Leichtigkeit, mit der mir die Gemälde von der Hand gingen, hat mich veranlasst, meine Produktion ein wenig zu bremsen, und ich habe mich der Bildhauerei gewidmet. Ich habe ein Porträt von Dir angefertigt, und dadurch habe ich Dich wiedergesehen, wie Du warst: mit Schuhen fast zwei Meter, Deine gewaltigen Schultern und dein Kopf, den Du immer nach vorn beugtest, wenn Du auf dem Flugfeld hin- und hergingst. Ich pflegte zu sagen, Du hättest Lungen aus Eisen, weil Du bis auf 7000 Meter steigen konntest, ohne dass Du zum Atmen eine Sauerstoffmaske gebraucht hättest. Schrecklich war das, ich setzte meine kleine Maske auf, und Du atmetest lediglich tief durch ... Du brauchtest keinen Mantel; als ich Dich kennen lernte, hast Du nie einen besessen. Weißt Du noch, erst ich habe Dich dazu gebracht, Gabardinemäntel gegen den Regen zu tragen, weil ich nicht wollte, dass Du durch die Feuchtigkeit die Grippe bekamst. Auch wenn Du nie krank wurdest, musstest Du Dich nur ein wenig schnäuzen, damit ich zu Dir sagte: »Hör zu, wenn Du einen Regenmantel trägst und Dein feuchtes Jackett nicht ein, zwei Stunden anbehältst, damit es trocknet, dann kann Dir nichts passieren.« Du warst eine Naturgewalt; die ganzen hundertzwanzig Kilo deines Körpers waren Muskeln. Ich liebte Dich, wie Du warst, manchmal zu dick, zu rot, mit Deinem schlechten Auge, das Du beinahe verloren hattest, als Du in der Wüste nach einem Kameraden suchtest. Heute habe ich mit Deiner Mutter zu Mittag gegessen. Ich mag sie sehr gern, aber heute hat sie mir wehgetan. Wir sprachen über das Buch von

Doktor Pellissier, »Die fünf Gesichter Saint-Exupérys«[63], und ich sagte zur ihr: »Pellessier spricht von ihm als Menschen und von ›seiner großen Liebesfähigkeit als Christ und Ehemann‹, und sie hat geantwortet: »Das war überflüssig.«

»Glauben Sie«, habe ich erwidert, »dass Ihr Sohn glücklich darüber wäre, dass man in den letzten vier Büchern, die über ihn veröffentlicht wurden, entweder verschwiegen oder verschleiert hat, dass er verheiratet war, dass er mich geliebt, alle Versuchungen besiegt und mir sogar ein Gebet geschrieben hat für meine ›Witwenzeit‹? Sie lieben ihn zu sehr, Sie und seine Schwestern.«

Da wurde sie ganz still.

Ich bin des Denkens, des Wünschens, des Betens, ja sogar meiner Existenz müde. Ich habe keine Sekretärin mehr, der ich diktieren könnte, und meine Gedanken drehen sich zu schnell, um sie niederzuschreiben.

Der Monat hat kaum begonnen, und schon sehe ich ihn in der Sanduhr davonlaufen. Was rinnt mit ihm davon? Meine Illusionen, mein Besitz, meine Freunde, unsere vertraute Landschaft. Ich habe keine Wurzeln, ich bin leicht, viel leichter noch als meine Träume, leider. Ich schleiche in der Küche herum, beiße in eine Zitrone, trinke einen Schluck, küsse den Kleinen Prinzen, gähne ordentlich und lege mich wieder hin, um mein Herz zu leeren, diese unstete Sanduhr. Der Morgen kommt, und mit ihm die Freude des Meeres. Die Engel helfen mir zeichnen, ich liebe die Farben, die ich kenne, auf meine Weise. Ich möchte vom Licht trinken, während meine Pyramide aus Farben, die ich gestern gemalt habe, schon zu einem gähnenden Loch wird.

Mit Deiner Mutter habe ich eine Modigliani-Ausstellung angeschaut. »So viele Millionen für ein Gemälde«, hat sie vor seinen Bildern geseufzt, »und er selbst ist vor Hunger gestorben ...«

Ich habe solche Lust zu malen. Mit meiner einzigen, schlecht gewaschenen Feder von einem unterernährten Küken setze ich Farbe auf meine Kreise und Spiralen, um die Netzhaut der Dummköpfe zu durchdringen, die meine Bilder ansehen. Ach, ich möchte einen ganzen Teller blaues Leben verspeisen, mich mit der ganzen Luft des Himmels voll stopfen, denn ich brauche diese Luft: Wenn ich sie während der zwei Monate bewahren kann, in denen ich meine Ausstellung vorbereite, dann reicht sie mir, um dreißig Bilder fertig zu stellen. Dafür muss ich Kuchen essen und mir sagen, dass ich nicht zu alt bin ... Jeden Tag, in jedem Bild, sterbe ich und erstehe wieder auf. Ich arbeite, um zu zeigen, was ich selbst nicht mehr verstehe, was ich so schlecht zum Ausdruck bringe, aber weiß. Mein lieber Freund Maeterlinck, der meinen Mann Carrillo und auch Dich verehrte, sagte: »Das Leben ist ein Geheimnis, der Tod ist ein Schlüssel, und der, der den Schlüssel dreht, verschwindet in diesem Geheimnis.«

Dieses ganze Jahr lang habe ich mich zu Sélisette, seiner letzten Frau, in ihren Palast Orlamonde[64] in Nizza geflüchtet und mich in meinen Erinnerungen verloren. Beinahe hätte ich selbst den Schlüssel im Schloss gedreht. Ich hatte so etwas wie eine Vision, die ich gemalt habe und bald ausstellen werde.

Glaub nicht, dass ich eingebildet werde, weil ich mit Maeterlincks Worten spreche. Aber ich fließe über vor Problemen, dem Unverständnis der Menschen, den Dingen um mich herum. Deine Familie unterstützt mich nicht, im Gegenteil. Ganz allein, beschwert durch siebzig Gemälde und drei Statuen, fahre ich nach Brüssel, um dort auszustellen ... Für nichts zweifellos, nur um mich noch weiter zu ermüden. Aber ich muss meine Zweige kappen, damit ich eines Tages wieder blühen kann. Das Wichtigste aber ist im Moment meine Brille, die ich heute Morgen nicht wiederfinde!
Ciao, Tonio!

15

London, undatiert

Welche Freude, ich habe Paris verlassen. Ich liebe die Stadt so sehr, dass es gut tut, ihr zu entfliehen!

Erster Tag in London, sehr friedlich. Ein Tee mit einer Lady und einem hübschen jungen Mann. Lassen Sie sich ein kleines Bild skizzieren. Sehr mondän die beiden, aber das mag ich nicht besonders gern ... die Dame schön, gealtert, aber was für eine elegante Aufmachung: grauer Hut, schwarzer Schirm, der die Beine noch länger erscheinen lässt, Tasche, Handschuhe, und der Mantel von einem Gelbgrün, das man nur in England findet, und die Augen der Lady von derselben Farbe!

Meine Garderobe war ganz auf die Reise einge-
stellt: hellbeige, Strohhut, kein Schirm, dafür ein
Gabardinemantel mit einer sehr nützlichen Kapuze,
und ich fühle mich sehr wohl, so gut versteckt in
dem weiten Reisemantel. Der junge Mann, ein ame-
rikanischer Millionär, der froh ist, zwei Damen zum
Tee einladen zu dürfen ... Erbärmlich, das Ganze:
zwei Frauen in den Vierzigern mit einem jungen
Mann von zwanzig Jahren ... Der junge Mann gehört der Lady! Ich bitte den Himmel, dass er mich
sterben lässt, ehe ich mir solche Knaben zu Gala-
nen nehme. Aber ich fürchte nichts, denn für mich
ist diese Krankheit ausgestanden!

Heute Abend werde ich in der guten Londoner
Gesellschaft dinieren. Ich werde ein schönes Kleid
anziehen, in dem ich ganz wie eine spanische Infan-
tin aussehe, mit langen Ärmeln und einem hochge-
schlossenen, großmutterhaften Kragen, aber ich
sehe mich gern so ...

Als ich diesen Brief begann, wollte ich, dass Sie
den Klang meiner Stimme hören ... Trotz meiner
Masken gehöre ich nicht länger zu dieser Kultur. Ich
wünsche mir die Stille des Sandes und des Himmels,
um die Ewigkeit zu verdienen ...

16

1954

Erinnerst Du Dich, mein Geliebter, was Du mir – das ist schon lange her – einmal gesagt hast? »Ich besitze nur einen kleinen Koffer, in den ich meine Notizen über den Nachtflug gelegt habe, weil Sie sagten, ich solle einen Bericht über den Nachtflug schreiben. Ich habe weitergemacht, wie Sie es wollten. Sie, Consuelo, sind der kleine Schlüssel, der mich wieder aufzieht. Ich werde Ihnen meine Seiten vorlesen.« Und Sie haben zu lesen begonnen. Ich träumte von diesem Buch, das dem Geist des großen Jungen enstpringen sollte, der mein Mann werden wollte. Über diese Fahrt nach Agay, die Sie mir aufdrängen wollten, sagte ich zu Ihnen: »Hören Sie, Antoine, man muss nicht alles überstürzen. Ich besitze ein Haus in Nizza, das Haus von Gómez Carrillo. Bringen Sie mich dorthin, und dann fahren Sie zuerst allein nach Agay. Erzählen Sie Ihrer Familie, was Sie wollen. Und ich möchte, dass Ihre Mutter zu mir nach El Mirador kommt, um mich kennen zu lernen.« So geschah es. Sie kannten indes meine Sorgen: Ich hatte meinen kleinen Hund zurückgelassen, ich bekam mein Auto nicht zurück, und der Marquis de … wollte mich unbedingt heiraten. »Er ist bestimmt in Sie verliebt«, hatten Sie gemeint, »weil er glaubt, so der Nachfolger von Gómez Carrillo zu werden.«

»Ja, etwas in der Art wird es wohl sein«, antwortete ich Ihnen, »aber ich habe ihm nie ein Ohr für seine Gefühle geliehen.«

»Ich kümmere mich gleich morgen darum«, sagten Sie, »und ich schwöre, dass Sie Ihren kleinen Hund bekommen werden. Morgen Abend haben Sie ihn wieder. Ich fahre nach Versailles zu Ihrem Verlobten ...« Und Sie sind gefahren. Und tatsächlich, gegen zwölf Uhr dreißig haben Sie mir Yuti zurückgebracht. »Der Marquis war etwas niedergeschlagen, aber die Sache war nicht schwierig.«

»Er war nicht erfreut, stimmt's?«

»Ich weiß nicht, ob er froh war oder nicht, aber ich habe ihm gesagt, ich käme, um Deinen Wagen und den kleinen Hund abzuholen. Und das haben wir geregelt. Er hat keine Einwände erhoben. Da haben Sie Ihr Hündchen. Ich adoptiere ihn; er ist so bezaubernd.« Sie liebten Hunde über alles, überhaupt alle Tiere. Ich glaube sogar, dass Tiere Ihnen lieber waren als Menschen. Dann sind wir mit dem Wagen nach Nizza gefahren. Sie sind nach El Mirador gekommen. Sie waren sehr müde; Sie hatten Ihre schlimme Migräne. Ein Auge war ganz rot, und Sie hatten solche Kopfschmerzen, dass Ihnen die Tränen herunterliefen, aber ich habe nie gehört, dass Sie klagten. »Wissen Sie, Consuelo, wie ich in Afrika, in Casablanca, meine Kopfschmerzen kuriert habe? Ich hatte eine Spirituslampe, die ständig explodierte. Dann steckte ich die Bruchstücke in eine Tüte, und wenn die Migräne anfing und mir alles vor den Augen verschwamm, dann setzte ich die kleinen Stücke des Apparats zusammen, bis alles wieder funktionierte und meine Kopfschmerzen vorüber waren.«

»Aber heute haben Sie kein Gerät, das Sie reparieren können«, sagte ich. »Nein«, gaben Sie zurück, »aber ich werde mich ausruhen. Wenn Sie erlauben, möchte ich noch ein wenig ruhen.«

»Aber nicht zu lange, Sie müssen zu Hause anrufen.« Ihre Mutter ist wirklich nach El Mirador gekommen. Sie hat das Haus besichtigt und uns nach Agay eingeladen, an dem und dem Tag, zu der und der Uhrzeit, und sie erwarte uns zum Tee am Nachmittag. Sie hatte Leute aus Paris eingeladen, und die ganze gute Gesellschaft wartete gespannt auf die zukünftige Braut von Saint-Exupéry …

Ich hatte Lampenfieber, wissen Sie noch? Ich erinnere mich, dass ich zum Friseur gegangen war und mir eine Dauerwelle hatte machen lassen. Ich kam mit derart krausem Haar heraus, dass ich einen Hut aufsetzen musste. »Hören Sie«, erklärte ich, »um nichts in der Welt werde ich den abnehmen. Meine Haare sind zu sehr gekräuselt.«

»Ach, machen Sie sich nichts daraus«, sagten Sie mir zum Trost. Eine Ihrer Cousinen mit Namen Yvonne de Lestrange, die Sie wie eine Schwester betrachteten, war aus Paris gekommen. André Gide war da, Ihre ganze Familie, Ihre Schwestern, Ihre Verwandten, insgesamt ungefähr zwanzig Personen, und Ihre arme kleine Consuelo musste sich der Aufnahmeprüfung für ihre Verlobung mit Saint-Exupéry unterziehen!

Leise sagte ich zu Ihnen: »Sie müssen ebenfalls meine ›Familie‹ kennen lernen. Ich habe hier keine Verwandten, aber eine Freundin, die wie eine Schwester für mich ist, Sélisette Maeterlinck.«

»Oh, Maeterlincks Frau?«

»Ja, sie wohnen auf Orlamonde, und ich muss

Ihnen eines sagen: Wenn Maeterlinck mir riete, auf Sie zu verzichten, dann glaube ich, dass ich auf ihn hören würde. Sie können sich also vorstellen, wie wichtig das für mich sein kann.«

»Das sagen Sie wohl, weil ich Sie zwinge, meine Sippe zu treffen?«

»Nein, nein, daran denke ich schon lange. Das ist eine kleine Mutprobe. Sie sind doch so sehr an die Kraftproben im Flugzeug gewöhnt, dass Sie keine Angst zu haben brauchen, einen großen Schriftsteller wie Maeterlinck zu treffen.«

So kam ich nach Agay. Ich entdeckte diese herrliche Festung, die Bucht von Agay, die in den Hafen übergeht, den schönen Strand, das ruhige Wasser. Der Empfang verlief freundlich; vielleicht waren die Stimmen ein wenig verkrampft, die Aufmerksamkeiten ein bisschen zu bemüht. Dem Schloss gegenüber lag ein Hotel, und dort brachte man mich unter. Ich war es zufrieden, so konnte ich ein wenig Atem schöpfen, diese Bangigkeit, die mich bedrückte, abschütteln. Natürlich hatte ich eine Migräne vorgeschützt, um nicht mit Ihrer Familie zu Abend essen zu müssen. Aber Sie sind bei mir im Hotel geblieben, und sogar sehr lange. Sie haben Karten mit der Besitzerin gespielt, bis ich schließlich sagte: »Wissen Sie was, Sie müssen nach Hause gehen.«

»Ich habe es nicht eilig, dort schlafen bestimmt schon alle. Verstehen Sie, sie gehen zeitig schlafen. Mein Schwager steht in aller Frühe auf, er ist Landwirt und schrecklich stur. Er will Gemüse auf Steinen wachsen lassen. Aber da ihm das gefällt, sage ich na schön, und hoffentlich fährt er eine gute Ernte ein. Wenn nur drei oder vier seiner Weinstöcke Trauben getragen haben, dann keltert er Wein daraus! So sind eben die Landleute. Ohne Willen, ohne Mut kommt man zu nichts.« Ihre Mutter war sehr liebenswürdig, sehr aufmerksam. Dann waren da Ihre zwei Schwestern, die eine blond, die andere brünett, Simone und Gabrielle. Simone war sehr barsch, sie hatte die Archivarschule absolviert und war ziemlich gekränkt, weil sie sich in den Kopf gesetzt hatte, dass Sie in Paris Mademoiselle de S. heiraten sollten ... Ihr missfiel es schrecklich, dass Sie eine Ausländerin heiraten wollten.

Aber es sind eine Menge Dinge geschehen. Ihre Mutter, die eine sehr einfache Frau war, wollte Erkundigungen über mich einziehen und hat an die französische Botschaft in El Salvador telegrafiert. Ich weiß nicht, in welchem Sinne sie ihr Anliegen vorgebracht hat, aber das Ergebnis war fatal für meine Familie. Da mein Vater Oberst war und ich vier Brüder hatte, die denselben Rang bekleideten, hatte meine Mutter in ihrer Steuererklärung sozusagen die Wahrheit ein wenig verbogen. Als dieses Telegramm eintraf, hatte meine Mutter, die inzwischen Witwe war, einfach immer abgeschrieben, was mein Vater vorgegeben hatte. Folge war, dass ihr Besitz geschätzt wurde, und meine Mutter alles zahlen musste, was sie in ihrer Erklärung nicht angegeben hatte. Ein Vermögen. Sie schickte mir ein sehr unangenehmes Telegramm, in dem sie schrieb, dass sie fände, ich solle keinen Jungen heiraten, der wissen wollte, ob ich reich bin! Aber danach hatte meine Schwiegermutter gar nicht gefragt. Sie wollte sich einfach nach meiner Familie erkundigen, aber verstehen Sie, die Konsularattachés wollten besonderen Eifer an den Tag legen. Für meine Familie war das sehr schwierig. Als Sie davon erfuhren, wussten Sie gar nicht, wie Sie sich entschuldigen sollten. »Tonio, ich will Sie nicht heiraten«, erklärte ich Ihnen. »Meine Familie ist ganz und gar gegen diese Ehe, und sie hat Recht. Ich werde nach El Salvador zurückkehren, weil meine Mutter mich darum bittet, und sechs Monate dort bleiben. Sie müssen mich verstehen. Ich bin nicht verlobt mit Ihnen; Sie haben mich nur Ihrer Familie vorgestellt, das ist alles. Ich werde Ihre Freundin bleiben, und irgendwann werden Sie die Frau heiraten, die Ihre Schwester Simone Ihnen zugedacht hat ...«

»Sie glauben wohl, Sie werden noch einmal mit dem Schiff davonfahren«, hielten Sie dagegen, »so wie damals, als Sie aus Buenos Aires fortgelaufen sind und in Rio de Janeiro fast meiner kleinen Maman begegnet sind, die zu unserer Hochzeit anreiste? Nein, nein, nein, Consuelo ...«

»Saint-Ex, lassen Sie uns nicht mehr über die Heirat reden. Wir wollen Maeterlinck besuchen.«

Ich hatte lange mit Sélisette telefoniert, ich hatte ihr alles geschrieben, was mir mit Ihnen widerfahren war, was ich ihr schickte, war fast ein Tagebuch ... »Weißt Du, Consuelo, du solltest schreiben. Du musst deine Memoiren erzählen«, meinte Sélisette zu mir ... Da waren wir nun – Sie werden Sich erinnern – an den Toren von Orlamonde; man muss mit dem Wagen hineinfahren, denn bis zur Haustür ist es fast ein Kilometer, und dann muss man einen weiteren Kilometer zurücklegen, um in den Salon zu gelangen, wo man endlich Maeterlinck antrifft. »Kommen Sie, es ist Zeit zum Essen. Ich jedenfalls habe Hunger.«

»Einen Moment mal«, warf Sélisette ein. »Ihr Männer müsst den Wein zum Essen aussuchen. Ich habe keine Ahnung, welchen Wein Du Saint-Ex anbieten willst.« Also sind Sie mit Maeterlinck in den Keller hinabgestiegen. Als Sie zurückkamen, hatten Sie beide so viel Wein verkostet, dass Ihre Wangen sich gerötet hatten und Sie sehr gute Freunde geworden waren. »Wirklich, das ist der Mann, den Du brauchst«, bemerkte Maeterlinck zu mir. »Ich bin froh, dass Du diesen jungen Mann getroffen hast.«

»So, und morgen werden Sie so freundlich sein und mit mir einen Ring aussuchen gehen, einen ganz einfachen«, sagten Sie. »Sie wissen, dass ich nicht allzu reich bin, besonders jetzt, da ich nicht mehr arbeite.«

»Nicht nötig, mir Brillanten zu schenken; kaufen Sie mir einfach einen Trauring. Ich habe ohnehin noch Enriques Brillantring am Finger, und wenn Sie erlauben, würde ich ihn gern weiter tragen.«

»Unmöglich. Er ist sehr gut, er ist sehr schön, ich bin nicht eifersüchtig. Aber ich möchte ebenso groß werden wie er, und ich bitte Sie, den Verleger Ihres Mannes nicht mehr aufzusuchen, nicht einen Centime aus den Einkünften aus seinen Werken anzurühren und nicht nach Spanien zu fahren.« Ja, das ist die einzige Sünde, die ich in der Welt begangen habe: Ich habe nichts für das Werk Carrillos getan.

Anschließend fuhren wir nach El Mirador zurück, und ich habe mich feierlich von Ihnen verabschiedet. »Fahren Sie nach Hause, Saint-Ex.«

»Wie, Sie haben so viele Zimmer und finden nicht einmal ein Plätzchen für mich?«

»Nein, nein, ich bitte um Entschuldigung, aber ich möchte nicht, dass Sie mich kompromittieren wie damals in Argentinien. Wir werden heiraten, aber gehen Sie heim.«

Am nächsten Tag sind Sie mit Ihrer Mutter zurückgekehrt, und sie hat offiziell um meine Hand für ihren Sohn angehalten. »Sie möchten nicht, dass mein Sohn ein Gigolo ist, er kann nicht ständig bei Ihnen sein, und er will Sie nicht verlieren. Ich möchte, dass mein Sohn glücklich wird, daher akzeptiere ich Sie und liebe Sie wie meine Schwiegertochter. Also setzen wir ein Datum für diese Hochzeit fest.«

»Jetzt bringen Sie mich in Verlegenheit, ich muss ein wenig überlegen, welcher Termin mir passen würde.«

»Nicht nötig«, warf Ihre Mutter ein. »Sie sind sehr schön, Sie können ruhig in einem farbigen Kleid heiraten.«

»Oh ja! Ich werde in Schwarz heiraten, weil ich ein sehr schönes schwarzes Kleid besitze, eine Robe von dem großen Couturier El Reliquario, der für Raquel Meller gearbeitet hat. Das Kleid besteht aus schwarzer Spitze und wird mit einer Mantilla getragen, und man steckt rote Nelken daran, um das Ganze aufzuheitern.«

»Ich habe nichts dagegen. Wenn Sie dieses Kleid schon einmal haben ...«

Und so haben wir geheiratet, mein Tonio, mein kleiner Gatte. Sie haben mir keine Zeit zum Atemholen gelassen. »Ich muss ebenfalls meine Angelegenheiten in Ordnung bringen«, sagten Sie zu mir. »Ich muss einen Posten in der Fliegerei annehmen, den man mir angeboten hat, und zwar als Testpilot.«

»Aber Testpiloten leben sehr gefährlich«, wandte ich ein.

»Ich weiß schon, aber etwas anderes habe ich nicht in Aussicht, und wenn ich nicht fliege, fühle ich mich verloren. Ich habe schon fast einen Monat frei, und ich muss unbedingt fliegen.« Also sind wir gemeinsam durch die Arkaden an der Place Massena in Nizza gegangen, um die Ringe zu kaufen. »Also, ich hätte sie gern aus Platin«, meinte ich zu Ihnen. Aber Sie wollten goldene. »Wissen Sie was, Sie sollen zwei bekommen, einen aus Gold und einen aus Platin. Ja, Sie sollen zwei Eheringe haben.«

»Und wieso?«

»Weil das hübscher aussieht, und dann sind Sie praktisch zweimal verheiratet.«

Und so begann mein Leben als Pilotenfrau, mein Mann, mein Gatte in alle Ewigkeit.

17

Diktaphon, Auszüge

Ich habe noch einmal Ihr Telegramm gelesen, in dem es heißt: »An diesem Weihnachtsabend bin ich um hundert Jahre gealtert, weil ich fern von Dir war. Ich liebe Sie mehr denn je. Seien Sie meiner Liebe versichert. Ihr Gatte Antoine.« Ich danke Ihnen, mein Engel, Sie wussten gar nicht, was es für mich bedeutete, diese Telegramme zu erhalten ...

Ich denke noch immer an meine Rückkehr aus New York. Ich wurde registriert und konnte nicht einmal meine Fahrkarte bezahlen. Ich hatte kein Geld mehr, ein bisschen hatte ich als Schaufensterdekorateurin bei Bloomingdale's verdient[65], aber nach zwei einsamen Jahren hatte ich Lust, auf unser La Feuilleraie zurückzukehren. Angeblich war die Kabine für vier Personen vorgesehen, aber wir waren ... zu acht. Man hatte kaum Platz, auf seinen Schlafplatz zu rutschen ... Da habe ich lieber auf Deck in einem Liegestuhl übernachtet. Ich war ziemlich niedergeschlagen, denn ich wusste nicht, welche Freunde ich lebend wiedersehen würde, und ich haderte mit dem Schicksal, das mich gezwungen hatte, mein Leben lang in Frankreich zu bleiben. Aber Sie hatten mich so weit gezähmt, dass ich weder fortgehen wollte noch konnte.

Ich weiß noch, wie Sie mir, wenn ich schlief, über den Kopf strichen und ich so etwas wie ein elektrisches Knistern spürte. Sie sagten zu mir: »Mein kleines Küken, meine Pimpernelle, mein Garten, mein

Elfenbeinturm, Sie sollen immer auf mich warten, selbst wenn man Ihnen eines Tages sagt, ich sei vermisst. Denn das wird nicht wahr sein. Selbst wenn ich in der Wüste, in der Sahara, verschwinden sollte, dann werde ich immer noch das Wasser aus Ihren Augen trinken, so wie der Dichter, der sagte, im Gefängnis werde er die Wasseraugen seiner Frau trinken. Also seien Sie ganz ruhig, ich werde immer zurückkehren.«

Nachbemerkung

Diese Briefe erfüllen den Schwur, einander niemals zu verlassen, den Antoine und Consuelo de Saint-Exupéry einander geleistet hatten, bevor der Autor nach Nordafrika aufbrach. Mit zwei Ausnahmen wurden sie nie abgeschickt.

Consuelo hat sie entweder direkt auf Französisch oder auf Spanisch verfasst. Sie hat auch auf ihr Diktaphon gesprochen, dessen Bänder heute wiedergefunden und rekonstruiert worden sind. Manche Briefe stammen von diesen Tonaufnahmen. Wie schon bei der *Rose des Kleinen Prinzen* haben der Verlag Éditions Plon und die Erben auch diesmal Alain Vircondelet, Saint-Exupérys Biographen, mit der kritischen Herausgabe der Briefe betraut. Die größtenteils nicht datierten Texte sind in der wahrscheinlichsten Chronologie geordnet worden. Wenn dies geboten erschien, wurde der Satzbau korrigiert.

Anmerkungen

[1] Consuelo de Saint-Exupéry, *Die Rose des Kleinen Prinzen*, München, Marion von Schröder, 2001.

[2] Consuelo bedient sich unterschiedslos beider Schreibweisen: Tonio oder Tonnio.

[3] Karine Le Loët, *Le Nouvel Observateur*, 4. Mai 200c.

[4] Gespräch mit A.-M. Zehrfuss im Jahr 2000.

[5] Nur wenige Tage vor Saint-Exupérys Abreise war Consuelo in New York Opfer eines Überfalls geworden. Taschendiebe hatten sie angegriffen. In einem handgeschriebenen Brief, der am 20. Mai 1976 im Hotel Drouot versteigert wurde – und aus dem im Versteigerungskatalog einige Seiten zitiert werden –, berichtet Saint-Exupéry Silvia Hamilton darüber: »Sylvia (so schrieb Saint-Exupéry ihren Namen), etwas Schreckliches ist vorgestern geschehen. Meine Frau ist auf der Straße überfallen worden. Um ihr die Handtasche zu stehlen, hat man ihr einen schweren Schlag auf den Kopf versetzt. Ich habe sie sehr krank vorgefunden und bin seit acht Stunden nicht von ihrem Bett gewichen ... Ich habe begriffen, dass ich selbst nicht mehr hätte weiterleben wollen, wäre meiner Frau etwas zugestoßen. Ich habe verstanden, wie tief meine Zuneigung zu ihr ist.«

[6] Beekman Place, wo Consuelo wohnt, liegt am Hudson River.

[7] Eine ironische Anspielung Consuelos darauf, dass Saint-Exupéry trotz ihrer Ermunterungen immer einen Widerwillen dagegen gehegt hat, Englisch zu lernen ...

[8] Consuelo spricht von der Zeit, die sie ganz zu Beginn des Krieges mit einer Gruppe Kunst- und Architekturstudenten im Vaucluse, in Oppède-le-Vieux, verbrachte. Saint-Exupéry war bereits in die USA vorausgereist.

[9] Dieses Gerät, das zur damaligen Zeit sehr fortschrittlich war, hatte Consuelo Saint-Exupéry geschenkt, damit er seine englische Aussprache überprüfen und manche Texte aus seinen Werken diktieren konnte. Saint-Exupéry hat es allerdings kaum benutzt. Consuelo diktierte damit einige »Sonntagsbriefe«und packte es bei ihrer Rückkehr nach Europa in den Koffer.

[10] Consuelos zweiter Ehemann, Enrique Gómez Carrillo, Diplomat und Autor guatemaltekischer Abstammung, der 1927 starb. Consuelo lernte Saint-Exupéry im September 1930 kennen.

[11] Denis de Rougemont, ein Freund des Ehepaars und Vertrauter Consuelos, wenn Saint-Exupéry auf Reisen war, ebenso nach seinem Verschwinden. Häufig wird behauptet, er sei Consuelos Liebhaber gewesen, obwohl dies nicht vollständig geklärt ist.

[12] Über diesen Angriff schreibt Saint-Exupéry an Silvia Hamilton: »Plötzlich fühle ich mich wundersamerweise verantwortlich für sie wie ein Schiffskapitän … Mir kommt es vor, als könne ich allein, indem ich jede Sekunde wachsam bleibe, dafür sorgen, dass dieser schwierige Aufstieg zur Sonne gelingt.« (Versteigerungskatalog Silvia Hamilton vom 20. Mai 1976 bei Drouot, Los-Nr. 52)

[13] Von Oktober 1929 bis 1931.

[14] Vol de Nuit, 1933, Jacques Guerlain, orientalisch, holzig, würzig. »Der Name Vol de Nuit bezieht sich auf den Roman von Antoine de Saint-Exupéry, der von aufregenden Begebenheiten aus der Fliegerei Anfang der dreißiger Jahre erzählt. In diesem Roman verliert ein frisch verheirateter Pilot die Kontrolle über sein Flugzeug, während seine Frau im Kontrollturm fieberhaft auf ein Lebenszeichen von ihm wartet. Vol de Nuit ist eine leidenschaftliche Huldigung an diese bewegende Liebesgeschichte und an die Frauen, die sich der Gefahr stellen. Das schmückende Relief auf dem Flakon stellt einen in Bewegung befindlichen Flugzeug-Propeller dar. Der Name, der in einen Kreis aus goldfarbenem Metall eingraviert ist, bildet einen Rahmen um den Propeller.« (Guerlain-Archiv)

[15] Zur großen Verzweiflung Saint-Exupérys liebte Consuelo es, sein Büro aufzuräumen.

[16] Anspielung auf die versteckten Rivalitäten zwischen den Generälen Giraud und de Gaulle in Algier.

[17] Könnte Consuelo Saint-Exupéry dazu angeregt haben, seinerseits das berühmte Gebet, »das Consuelo jeden Abend aufsagen soll«, zu schreiben?

[18] Freundin des Paares, eine Musikerin, die vorhatte, den *Kleinen Prinzen* zu vertonen.

[19] Bevor Consuelo und Saint-Exupéry Bevin House anmieteten, logierten sie in einem kleinen Holzhaus in West Port.

[20] André Rouchaud, ein Freund des Paares und Vertrauter Saint-Exupérys.

[21] Consuelo schwankt ständig zwischen Duzen und Siezen.

[22] Anspielung auf den Selbstmord Stefan Zweigs und seiner zweiten Frau 1942 in Brasilien, der ganz Europa erschütterte.

[23] Die Fliegeralarme, denen jetzt auch die New Yorker ausgesetzt waren.

[24] »Schmerzen mit Brot sind gut!«

[25] Saint-Exupérys Sekretärin in New York.

[26] Sie spielt auf die häufige Abwesenheit Saint-Exupérys und seine Untreue vor dem Krieg an.

[27] Zu dieser Zeit erwägt Consuelo, Greta Garbos prächtige Wohnung zu verlassen und eine bescheidenere Bleibe zu mieten.

[28] Consuelo stammt aus El Salvador und verspürt große Sehnsucht nach ihrer Heimat, dem »Land der Vulkane«, von dem im *Kleinen Prinzen* die Rede ist.

[29] Erster Entwurf zu *Die Stadt in der Wüste*.

[30] Lebte damals ebenfalls im New Yorker Exil und heiratete später die Tochter Guggenheims.

[31] Diese Episode hat Saint-Exupéry möglicherweise zu dem Tiger im *Kleinen Prinzen* inspiriert (Kapitel 8), denn dieser ähnelt eher einer Bulldogge.

[32] Eine weitere große Gestalt unter den französischen Emigranten in New York. André Maurois und Saint-Exupéry wurden in der berühmten Rede von Charles de Gaulle an die Intellektuellen nicht erwähnt, was Saint-Exupéry zutiefst kränkte.

[33] Ricardo Viñes, Konzertpianist, den Consuelo auf ihrer berühmten Reise nach Buenos Aires kennen lernte, wo sie Saint-Exupéry traf. Mit ihm beginnt das erste Kapitel der *Rose des Kleinen Prinzen*.

[34] Das große weiße Anwesen, das Consuelo im Westen von New

York gemietet hatte und wo Saint-Exupéry bei seiner Frau den *Kleinen Prinzen* ersonnen hat. Er hat stets behauptet, Bevin House sei der beste Ort zum Schreiben. Sagte er nicht, »der Kleine Prinz ist unter Consuelos feurigem Ansporn in Bevin House zur Welt gekommen«? (Unveröffentlichter Brief)

[35] Denis de Rougemont, der Schriftsteller Blaise Allant und ein Freund aus New York.

[36] Dieses Gebet wurde in der Zeitschrift *Icare* sowie in zahlreichen Biografien veröffentlicht und wird von einem langen, schönen Liebesbrief begleitet.

[37] Anspielung auf einen unveröffentlichten Brief Saint-Exupérys, in dem der Autor seine Rückkehr inmitten von fröhlichem Glockengeläute ausmalt.

[38] Anspielung auf das stürmische Eheleben der beiden in ihrer Wohnung an der Place Vauban 15, die sie im Winter 1936 bezogen.

[39] Wahrscheinlich André Rouchaud, ein sehr treuer Freund des Paares.

[40] Dies bezieht sich auf einen unveröffentlichten Brief Saint-Exupérys, in dem er ihr schrieb: »Eine Rose darf nicht sterben, denn wenn sie stirbt, verliert sie all ihre Blütenblätter.«

[41] Dieses Zitat konnte in der Brechtschen Originalausgabe und in der Vertonung von Kurt Weill auf deutsch nicht wiedergefunden werden. Der Verlag ist dankbar für sachdienliche Hinweise.

[42] Es handelt sich um die beiden Wohnungen, die Saint-Exupéry bei Consuelos Ankunft in New York gemietet hatte. Die Adresse lautete Central Park 240, in der Nähe des Columbus Circle.

[43] Wohnort von Freunden Consuelos, wohin sie sich häufig flüchtete.

[44] Am 16. Februar 1938.

[45] Kunstsammlerin und Besitzerin einer eleganten Galerie in New York.

[46] *Oppède* sollte 1945 in New York bei Brentano erscheinen.

[47] Anspielung auf den Heiratsantrag, den Saint-Exupéry ihr während eines Flugs bei Nacht über Buenos Aires machte, nur wenige Stunden nach ihrer ersten Begegnung. Consuelo erzählt diese Episode ausführlich in *Die Rose des Kleinen Prinzen*.

[48] Consuelo Suncíns Familie zählte zu den sieben reichsten El

Salvadors. Auf Grund der politischen Instabilität des Landes erlebte sie trotzdem etliche wirtschaftliche Rückschläge.

[49] Die Harvard University befindet sich in Cambridge, in der Nähe von Boston.

[50] Giorgio de Santillana, Wissenschaftler und Professor an der Harvard University, ein Freund des Paares.

[51] Consuelo hatte ein kleines Atelier in dieser Straße gemietet. Dort befand sich ein Eingang zum Kaufhaus Bloomingdale's, wo sie beschäftigt war.

[52] 24, Rue Barbet-de-Jouy.

[53] Saint-Exupérys letzte Geliebte, die ihn in seiner Schriftstellerkarriere und im öffentlichen Leben unterstützte. Nach seinem Verschwinden trug sie dazu bei, Consuelo aus seiner Lebensgeschichte zu streichen. (Siehe auch das Vorwort)

[54] Der Besitz von Enrique Gómez Carrillo in Nizza, den Consuelo geerbt hatte.

[55] Pierre Larivet, Antiquar und ein Freund Consuelos. Evelyne war ein kleines, etwas schwächliches Mädchen gewesen, und das Ehepaar Saint-Exupéry hatte ihr geraten, Tanzstunden zu nehmen. Als Erwachsene wurde Evelyne, die reiche Erbin einer berühmten Familie aus der Modebranche, eine große Tänzerin, gründete ihr eigenes Ballett und trat in der ganzen Welt auf. Sie hatte sehr früh die Mutter verloren, und so betrachtete sie Consuelo als ihre Ziehmutter und blieb bis zu ihrem Tod in enger Verbindung zu ihr.

[56] *Nouvelle Revue Française*, monatlich erscheinende Zeitschrift, Anm. d. Übers.

[57] Es ist das Landgut La Feuilleraie im Wald von Sénart, in Varennes-Jarcy. Saint-Exupéry hatte es 1937 während einer stürmischen Phase ihres Ehelebens für Consuelo gemietet. Sie verließ das Anwesen 1940 auf Bitten ihres Mannes, um vor den Deutschen zu fliehen und sich nach Pau in der unbesetzten Zone zu begeben.

[58] Das Bauernhaus in Grasse, das Consuelo von den Tantiemen für *Oppède* erworben hat.

[59] Raquel Meller, eigentlich Francisca Marquès Lopez (1888–1962), berühmte Sängerin und Revuestar, spielte die Violettera. Von 1919 bis 1920 mit Gómez Carrillo verheiratet.

[60] Es wurde zu Unrecht behauptet, Consuelo sei die Geliebte Gabriele D'Annunzios gewesen.

[61] In Argentinien regierte Präsident Hipólito Yrigoyen, der während Consuelos Aufenthalt in Buenos Aires durch eine Studentenrevolte gestürzt werden sollte. In *Die Rose des Kleinen Prinzen* berichtet sie von ihrer Begegnung mit dem Präsidenten und ihren Erlebnissen während des Aufstandes. [Anm. d. Übers.]

[62] Consuelo hat diese Episode in *Die Rose des Kleinen Prinzen* ausführlich erzählt.

[63] Georges Péllissier, *Les Cinq Visages de Saint-Exupéry*, Paris 1951.

[64] Das luxuriöse Anwesen der Maeterlincks, das heute wieder ein Palast ist.

[65] Consuelo arbeitete bis 1946, dem Zeitpunkt ihrer Rückkehr nach Frankreich, für das New Yorker Kaufhaus. Die Stellung als Dekorateurin hatte ihr Peggy Guggenheim besorgt.

Inhalt